ココミル
cocomiru

飛騨高山
白川郷

すてきな思い出
作りましょ♪

JN027145

飛騨高山の「古い町並」エリア(P24)。
木造の建造物に朝顔が映える

レトロな町並みと
懐かしい風景に出逢う飛騨高山へ

左：高山うさぎ舎(P32)のうぼうぼ人形(古布柄)、右：白川郷(P88)の背負いカゴを模した小物入れ
下左から：春と秋の年2回、盛大に開催される高山祭(P62・64)、飛騨牛ステーキとハンバーグ専門店 レストラン ル・ミディ(P40)の
飛騨牛ステーキセット、落ち着いたたたずまいの喫茶去 かつて(P28)

コスモスに彩られた合掌造りの里、白川郷(P88)

宮川に架かる中橋(P70)。春は川沿いを彩る桜が見事

脇茶屋(P43)の朴葉味噌

SWING HIDA TAKAYAMA(P50)の木のカップ

久田屋(P43)の田舎料理定食

原田酒造場(P56)の純米吟醸 花酵母造 山車 あべりあ

住真商店(P33)の木版手染めのぬいぐるみ

まさごそば(P44)の中華そば

住真商店(P33)の木版画の干支をモチーフにしたぽち袋

高山陣屋(P34)の玄関

奥飛騨温泉郷の宿、ひらゆの森(P109)の露天風呂

3

Cafe 青 (P31) の落ち着いた店内

古い町並 (P24) を人力車で巡るのも楽しい

柏木工 高山ショールーム (P59) のイージーチェア (ELC51A)

飛騨地方で昔から作られてきた人形「さるぼぼ」

高山タウン

和のステキがたくさん詰まった
古い町並でほっこり

住真商店 (P33) の木版手染めのぬいぐるみ

寿美久 (P45) の
山菜ざるそば

飛騨小町 (P57) の
ジャム (ラ・フランス)

喫茶 落人 (P91)
のぜんざい

白川郷

茅葺き屋根の合掌造り家屋が並ぶ
世界遺産の里をおさんぽ

のどかな風景がひろがる白川郷 (P88)

築200年を経た
合掌造りの宿、幸エ門 (P97)

川沿いにある宿、槍見の湯 槍見舘
(P106)の野趣あふれる露天風呂

紅葉シーズンの平湯大滝
(P103)

新穂高ロープウェイ (P112)
の展望台は絶景

奥飛騨温泉郷

北アルプスの大自然と
個性あふれる温泉に癒やされる

下呂温泉(P114)の
湯めぐり手形

下呂温泉

"美人の湯"といわれる名湯と
ご当地グルメを堪能

下呂温泉 足
湯の里 ゆあ
み屋 (P117)
の温玉ソフト

下呂温泉 ゆあみ屋
(P117)の足湯

西尾商店(P117)
の下呂温泉みすと

下呂の温泉街から少し離れた場所にたたず
む宿、こころをなでる静寂 みやこ(P118)の
庭園露天風呂

ブラン・デュ・エトワール
(P117)の飛騨牛トマト丼

飛騨高山ってどんなところ?

和レトロな町の散策はもちろん
グルメやお買い物も楽しみ

高山城の城下町として栄え、江戸時代には幕府の
直轄地として賑わった高山。古い町並が保存され、
約400年前の商人町の面影が残っています。周辺
には、世界遺産の白川郷や、奥飛騨温泉郷と下呂
温泉の2つの温泉地が点在。飛騨牛や朴葉味噌
などご当地グルメもいっぱいです。

古い町並(☞P24)の
そぞろ歩きを楽しんで

全国的にも有名なブランド
和牛・飛騨牛(☞P40)

おすすめシーズンはいつ?

高山祭が開催される春と秋は
多くの観光客で賑わいます

高山に春の訪れを告げる山王祭(春の高山祭)と、
実りの秋に感謝する八幡祭(秋の高山祭)は高山
の季節の風物詩。七夕飾りが町中を彩る8月や紅
葉シーズン、古い町並が雪化粧される冬と、四季
折々の魅力が満載です。白川郷では冬に合掌造り
集落のライトアップが行われます。

高山祭では、豪華絢爛な
屋台が登場(☞P62・64)

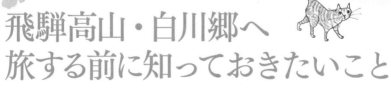

飛騨高山・白川郷へ
旅する前に知っておきたいこと

町歩きが楽しい高山と、のどかな風景に癒やされる白川郷。
ここでは観光のポイントやアクセスなど、お役立ち情報をご案内。
しっかりと予習して、旅の支度を整えましょう。

どうやって行く？

名古屋から特急ひだを利用。東海北陸自動車道も便利です

名古屋〜岐阜〜高山〜飛騨古川を結ぶ特急ひだでのアクセスが便利。また、高山へは名古屋、東京、大阪、富山発着の、白川郷、五箇山へは金沢、新高岡発着の高速バスもあり、運賃は電車のほぼ半額とお得です。マイカーの場合は、名古屋から東海北陸自動車道を利用しましょう。白川郷へも名古屋から高速道路1本で行けます。

特急ひだは大阪発も含め1日約12本運行

宮川に架かる中橋（☞P70）。川沿いには桜や柳の木が植えられている

高山名物の朝市（☞P38）。写真は陣屋前朝市

白川郷の荻町城跡展望台からの眺望（☞P90）

どうまわったらいい？

高山観光で1泊2日 2泊3日で白川郷にお泊まりも

じっくりと観光したいなら、高山で1泊するのが理想。初日は高山中心部で町歩きを楽しみ、2日目の朝は少し早起きして朝市へ。その後、飛騨の里（☞P68）周辺へ足を延ばしましょう。もう1泊できるなら、白川郷で合掌造りの宿（☞P96）に泊まるのがおすすめです。

必見スポットはどこ?

高山の古い町並と高山陣屋
白川郷の合掌造り集落

古い町並(☞P24)は高山観光のハイライト。テイクアウトグルメでエネルギーを補給しつつ、ショッピングを楽しみましょう。歩き疲れたら、町家を改装したカフェでひと休み。高山の歴史的シンボル、高山陣屋も外せません。白川郷では、ゆるやかな時に身を委ね、お散歩を楽しんで。

観光人力車が走る
古い町並(☞P24)

高山陣屋(☞P34)は
風格あるたたずまい

三角屋根の合掌
造り家屋(☞P88)

檜見の湯 檜見舘
(☞P106)の
混浴露天風呂

温泉に浸かりたいなら?

北アルプスを望む奥飛騨温泉郷
美人の湯として名高い下呂温泉へ

北アルプスの麓に位置する奥飛騨温泉郷(☞P104)へは、高山駅から車で60分。雄大な山々を望める露天風呂でリフレッシュできます。日本三名泉の一つである下呂温泉(☞P114)では、湯宿におこもり。肌ざわりやわらかな"美人の湯"に浸かり、ツルツルお肌を手に入れましょう。

今宵 天空に遊ぶ しょ
うげつ(☞P119)の
露天風呂付き客室

ぜひ味わいたいグルメは？

飛騨牛や高山ラーメン
朴葉味噌などの郷土料理も絶品

高山のグルメキング、飛騨牛は必食。ステーキやパスタ、丼ものなど、メニューのバリエーションも多彩です。戦前の屋台が発祥の高山ラーメンは、地元の人から"中華そば"の愛称で親しまれています。朴葉の上に味噌や野菜をのせて焼いた朴葉味噌などの郷土料理にも注目です。

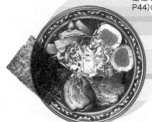

行列必至の人気店
麺屋しらかわ（☞P44）の中華そば

脇茶屋（☞P43）の朴葉味噌はネギとキノコがたっぷり

キッチン飛騨（☞P41）の飛騨牛ストロガノフ（※写真はイメージ）

柏木工 高山ショールーム（☞P59）の椅子。デザインも素敵

山田春慶店（☞P53）の布貼小箱

おみやげは何がいい？

さるぼぼやかわいい和雑貨
自分みやげには飛騨家具を

町のアチラコチラで目にする"さるぼぼ"は、高山みやげの代表選手。古都・高山らしい古布アイテムもおみやげにぴったりです。職人技がキラリと光る飛騨家具は、奮発して自分用に。そのほか、飛騨春慶や一位一刀彫といった伝統的工芸品（☞P50）も要チェックです。

ひだっちさるぼぼ
SHOP（☞P71）の手作りのさるぼぼ

飛騨高山・白川郷って こんなところ

岐阜県の北部に位置する飛騨地方には、個性豊かなエリアが集まっています。それぞれの特徴と位置関係をチェックして、旅の計画を立てましょう。

観光エリアは大きく4つ

飛騨地方の中央部にある高山を中心に、4つのエリアが点在している。古い町並が残る高山と、合掌造り家屋が立ち並ぶ白川郷では、独特の景観を楽しみながらのんびりお散歩。雄大な山々に囲まれた奥飛騨温泉郷と、日本三名泉の一つである下呂温泉では、ゆったり温泉三昧といこう。

鉄道＆バス派？車派？ 上手にプランニングを

交通の起点は、JR高山駅と高山濃飛バスセンター。バスセンターはJR高山駅からすぐのところにあり、周辺エリアへのバスが発着している。下呂温泉へは、特急ワイドビューひだを利用するのも手。もちろん、マイカーでドライブを楽しむのもOK。いずれにしても、高山で1泊し、翌日に周辺エリアへ足を運ぶプランがおすすめ。

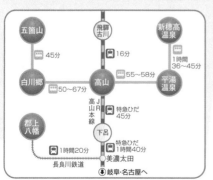

五箇山 — 45分 — 白川郷
飛騨古川 — 16分
新穂高温泉 — 1時間36〜45分 — 平湯温泉
白川郷 — 50〜67分 — 高山 — 55〜58分
高山 JR高山本線
高山 — 特急ひだ 45分 — 下呂
郡上八幡 — 1時間20分
長良川鉄道
下呂 — 特急ひだ 1時間40分 — 美濃太田
→岐阜・名古屋へ

1 高山 （たかやま）
・・・P18

城下町として栄えた面影が残る、飛騨の古都。町家が軒を連ねる古い町並で、和の風情に浸ろう。飛騨牛をはじめとするご当地グルメも多数！

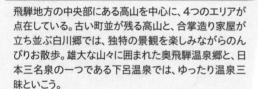

■1高山観光の目玉、古い町並（☞P24） ■2町家を改装したカフェ（☞P28） ■3高山の人気マスコット、さるぼぼ（☞P53）

2 白川郷 （しらかわごう）
・・・P88

1995年に世界文化遺産に登録された合掌造りの里。114棟の合掌造り家屋が残り、四季折々ののどかな風景に心和む。

▲合掌造り家屋は先人の知恵の結晶（☞P92）

北陸自動車道
金沢へ
福光IC へ
富山へ
信濃大町へ
JR大糸線

小松IC
JR北陸本線
小松空港

五箇山IC
五箇山
福井へ

③ 奥飛騨温泉郷

槍ヶ岳 ▲
穂高岳 ▲

白川郷IC
360
飛騨細江
41
飛騨古川
新穂高温泉
471
栃尾温泉

156
新平湯温泉
焼岳
松本IC

白川郷 ②
飛騨古川 ★
158
福地温泉

飛騨清見IC
高山IC
高山
平湯温泉
158
信州まつもと空港

福井へ
476
荘川IC
高山西IC
① 高山
塩尻へ

越前大野
JR越美北線
ひるがの高原スマートIC
257
乗鞍岳
361
JR高山本線

勝原IC
九頭竜湖
高鷲IC
41
木曽福島

157
白鳥IC
下呂
長良川鉄道
④ 下呂温泉

ぎふ大和IC
岐阜へ
256
257

郡上八幡IC
郡上八幡
256

美並IC
256
坂下

飛騨金山
41
257
中津川

東海北陸自動車道
美濃関JCTへ
美濃太田へ
N
0 ────── 10km

③ おくひだおんせんごう
奥飛騨温泉郷
・・・P104

北アルプスの麓に位置する5つの温泉地の総称。露天風呂の数が日本一ともいわれる露天風呂パラダイス！

▲渓流沿いの露天風呂でリフレッシュ(☞P109)

④ げろおんせん
下呂温泉
・・・P114

日本三名泉の一つで、美人の湯として知られる名湯。温泉街には無料の足湯が点在していて、気軽に温泉を満喫できる。

▲川沿いの散策路をぶらり (☞P116)

高山からひと足のばして行きたい

ひだふるかわ
飛騨古川
・・・P82

碁盤目状に区画割りされ、白壁土蔵や商家が軒を連ねる城下町。伝統工芸品の制作も盛ん。

瀬戸川沿いの白壁土蔵街(☞P82)が飛騨古川のメインストリート

ぐじょうはちまん
郡上八幡
・・・P84

3つの川が合流し、湧水にも恵まれた名水の町。郡上おどりが開催される夏が熱い！

やなか水のこみち(☞P85)を、水の流れる音をBGMに散策しよう

1日目

12:30 高山駅 ── 出発ー！

名古屋駅9時39分発の特急ひだに乗ると、12時24分に高山駅に到着。

12:45 まさごそば

高山ラーメン元祖の店、まさごそばの中華そばで腹ごしらえ（☞P44）。

13:30 高山陣屋 ── 必見スポット

高山の歴史的シンボル。飛騨にまつわる歴史を学ぶことができます（☞P34）。

高山陣屋には、江戸時代の建物も一部残っています。写真は御白洲（南）です。

14:10 古い町並 ── 和の風情たっぷり

道の両側に町家が軒を連ね、景観そのものがみどころです（☞P24）。

14:10 御食事処 坂口屋

店先で販売している、元祖飛騨牛にぎり寿司で、町歩きのエネルギーを補給（☞P26）。

14:15 高山うさぎ舎

ウサギグッズがズラリ。店の看板ウサギ、"うぼぼ"のアイテムに注目（☞P32）。

15:00 ばれん ── 飛騨版画喫茶

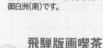

築約180年の町家を改装したカフェで、スイーツ片手にほっこりお茶時間（☞P29）。

16:00 HIDA 高山店

高山随一の老舗家具メーカーのショールームへ。一生モノの椅子探し（☞P58）。

17:00 花兆庵 ── 本陣平野屋 / 2泊します

宿でまったり。古民家の蔵を改装したお風呂で旅の疲れをとりましょう（☞P74）。

2日目 ── おはよう！

9:00 飛騨高山宮川朝市

宮川沿いで開催している朝市へ。地元の人との会話も楽しいんです（☞P39）。

10:00 吉島家住宅 ── 匠のスゴ技を拝見

飛騨の匠の技が光る町家建築を見学。開放的な吹き抜け空間に注目です（☞P36）。

2泊3日でとっておきの
飛騨高山・白川郷の旅

飛騨高山と白川郷の魅力スポットがギュッと詰まった欲張りプラン。
古い町並を散策したり、合掌造りの建物内を見学したり。
郷土色の強いグルメやおみやげ探しも楽しみです。

吉島家住宅の
お隣さん

高山濃飛バスセンターから
さるぼぼバスで移動

10:40 日下部民藝館　**11:20 高山祭屋台会館**　**12:00 京や**　　　　**13:50 飛騨の里**

2軒の町家建築をはしご。力強
さを感じる豪快な梁組みは圧
巻です（☞P37）。

八幡祭（☞P64）で実際に登
場する祭屋台を間近で見学
できます（☞P67）。

山菜料理や野菜の炊き合わ
せなど、高山のおふくろの味に
舌鼓（☞P42）。

古民家を移築した野外博物
館。昔の農山村の暮らしを体
感できます（☞P68）。

3日目

バスで白川郷へ！

15:15 Kochi　　**16:30 藍花珈琲店**　　**9:35 高山濃飛
バスセンター**　**10:50 野外博物館
合掌造り民家園**

木工クラフトをはじめ、さまざ
まな手作り雑貨が集まるショ
ップ（☞P52）。

白壁土蔵造りのレトロな喫茶
でホッとひと息。茶プチーノを
ぜひ（☞P31）。

高山を9時35分に出発、10時
25分に白川郷バスターミナルに
到着。運賃は往復で4600円。

25棟の合掌造り家屋を保存・
公開。建物内では昔の生活道
具を展示（☞P91）。

山里グルメを
味わう

ビュースポット！

12:00 白水園　　**13:00 和田家**　　**13:50 荻町城跡展望台**　**15:45 白川郷
バスターミナル**

合掌造りの食事処でランチタ
イム。店名物の朴葉みそ和膳
を味わいましょう（☞P95）。

合掌造り家屋の構造をお勉
強。かつて使われていた養蚕
道具にも注目（☞P92）。

高台にある展望台から合掌造
り集落を一望。記念撮影も忘
れずに（☞P90）。

名鉄バスセンター行きのバスは
15時55分に出発。それまでは、お
みやげ探しや散策を楽しんで。

日程に余裕が
あればぜひ！

3泊4日なら奥飛騨温泉郷・下呂温泉も満喫できます

**豊かな自然も魅力
奥飛騨温泉郷**

新穂高ロープウェイに乗り、標
高2156mからの北アルプス
ビューを満喫。その後は、雄大
な山々を眺められる露天風呂
でリフレッシュ（☞P104）。

**下呂温泉で
"美人の湯"に浸かる**

とっておきの湯宿に泊まり、名
湯をじっくり堪能。ツルツルお
肌をGETしましょう。街歩きの
途中には、無料の足湯でひと
休み（☞P114）。

ココミル
cocomiru

飛騨高山 白川郷

Contents

世界遺産 白川郷では
日本の原風景に出合えます …87

奥飛騨温泉郷・下呂温泉の宿で
くつろぎのひとときを …103

〈マーク〉

🏯🍴🏛 観光みどころ・寺社
🎵 プレイスポット
🍴🍴 レストラン・食事処
🍶 居酒屋・BAR
🍜 カフェ・喫茶
🛍 みやげ店・ショップ
🏠 宿泊施設
♨ 立ち寄り湯

〈DATAマーク〉

☎ 電話番号
🏠 住所
￥ 料金
🕐 開館・営業時間
休 休み
🚃 交通
Ｐ 駐車場
室 室数
MAP 地図位置

●表紙写真
さるぼぼ(P53)、白川郷の合掌造り(P88)、キナリ木工所 kinari-tenの
トートバック(P50)、高山の古い街並(P24)、香舗 能登屋のぬいぐるみ
(P33)、高山祭の屋台(P62)、Café 青(P31)の抹茶パフェ、宮川に架か
る中橋(P70)、こころをなでる静寂 みやこの庭園露天風呂(P118)ほか

喫茶去 かつて(☞P28)でホッとひと息

飛騨版画喫茶 ばれん(☞P29)の
クリームあんみつ

高山の歴史を感じられる高山陣屋(☞P34)

自分でさるぼぼを作るのも楽しい(☞P53)

久田屋(☞P43)で郷土料理をいただきます

茶屋三番町(☞P29)のあずき白玉

古い町並(☞P24)をぷらぷらお散歩

住真商店(☞P33)の可愛いグッズ

和のステキがいっぱいな
高山の町を散策しましょう

町家が軒を連ねる古い町並、約400年の歴史がある高山祭、匠の伝統の技が光る飛騨家具——。江戸時代の面影を残し、日本の美が息づく町でレトロな散歩を楽しみましょう。

朝市(☞P38)に並ぶさるぼぼを発見

吉島家住宅(☞P36)で町家建築を見学

これしよう！

① **レトロな古い町並を そぞろ歩き**

テイクアウトグルメでエネルギーを補給して歩こう。キュートな看板にも注目。

② **朝市でお買い物を 楽しむ**

地元でとれた野菜や果物をはじめ、自家製の漬物や味噌などがズラリ。

③ **ご当地グルメを 味わう**

飛騨牛を筆頭に、高山ラーメンや飛騨そば、朴葉味噌などがご当地グルメ。

和の情緒たっぷりの町並を散策

高山
たかやま

A 布に版画を手刷りしたぬいぐるみ
B 伝統工芸・飛騨春慶のアイテム

こんなところ

江戸時代に城下町として栄えた高山の、メインの観光スポットは「古い町並」。道の両側に江戸時代末期から明治・大正時代に建てられた町家が軒を連ね、いつも多くの観光客で賑わっている。町家を利用したおしゃれなショップやカフェに立ち寄りながら、そぞろ歩きを楽しもう。

access

JR 高山駅
↓ さるぼぼバスで9分
🚏 飛騨の里
↓ さるぼぼバスですぐ
🚏 飛騨の里下
↓ さるぼぼバスで1分
🚏 友好の丘

JR 高山駅
↓ さるぼぼバスで17分
🚏 まつりの森

問合せ ☎0577-32-3333 (高山市観光課) ☎0577-32-5328 (飛騨高山観光案内所)
広域MAP 付録裏D4

～高山 はやわかりMAP～

市街地周辺地域の多彩な情報を発信
高山市街地以外のエリアのみどころや特産品を紹介する。
☎0577-77-9200

観光のヒント
夕方～夜の古い町並もステキです
ほとんどのお店が17～18時には閉店するので、夕方以降は静寂に包まれ、昼間の喧騒が嘘のよう。夏は浴衣姿で歩くのもいい。

→ 注目エリアはコチラです

ふるいまちなみ　古い町並
上一之町～上三之町、下一之町～下三之町の総称で、高山観光の中心。町家が立ち並び、和の風情たっぷり。

たかやまえきしゅうへん　高山駅周辺
高山市街地はJR高山駅の東側に広がる。駅周辺にはホテルなどの宿泊施設が多いほか、飲食店などが点在している。

やたいかいかんしゅうへん　屋台会館周辺
櫻山八幡宮の表参道には伝統工芸品を扱う店が多い。吉島家住宅、日下部民藝館など、代表的な町家建築もこのエリアに。

ひだのさとしゅうへん　飛騨の里周辺
国道158号から飛騨の里へと続く飛騨の里通り沿いに、美術館やショップが点在。高山のなかでもアート色の濃いエリアだ。

19

交通手段をチェックして
高山市内を上手に移動しましょう

観光名所を周遊する便利なバスや、自由が利くタクシーやレンタサイクル。
ひと味違った観光を楽しみたい人は人力車もおすすめです。

🌸 大活躍の乗り物はこちらです

匠バス

さるぼぼバス

◀主要な観
光地を結ぶ

◀飛騨の里などの観光
スポットへはこのバスで

まちなみバス

さるぼぼばす・まちなみばす・たくみバス
🚃 さるぼぼバス・まちなみバス・匠バス

高山市街を周遊するバス

高山濃飛バスセンターを起点に、高山の観光名所を巡る。まちなみバスは右回りと左回りがあり、それぞれ1日8〜9便運行。さるぼぼバス・匠バスはともに経由の違う2つのコースを1時間に1本運行。料金は1乗車100円。
☎0577-32-1160(濃飛バス高山営業所)

飛騨高山1日フリー㐬っぷ
(1枚 500円)

◀3つのバスが乗り降り自由。市内の主な観光施設も割引に

◀街の中心部を走る。一周41分

▼駅周辺にレンタサイクル店が数店舗ある

たくしー
🚕 タクシー

電話での呼び出しが原則

基本的に流しのタクシーはないので、駅前など一部の場所を除いては、電話での呼び出しが必要。タクシー会社によっては観光タクシーも受け付けている(要問合せ)。

▲タクシー乗り場から乗ることも可能
☎0577-32-2323(山都タクシー)
☎0577-32-0246(はとタクシー)
☎0577-36-3860(メディクスタクシー)

はらさいくる
🚲 ハラサイクル

レンタサイクルで少し遠出

高山中心部は平坦な道が多いので、天気のいい日はレンタサイクルでまわるのもおすすめ。観光の移動には便利だが、高山の町は人が多いので、走る際には注意が必要。

☎0577-32-1657 🏠高山市末広町61 ¥1時間300円(以降1時間200円) ⏰10〜19時 休火曜 🚉JR高山駅から徒歩8分 Ｐなし MAP P80C2

🌸 観光をより楽しめる乗り物

ごくらくや
🛺 ごくらく舎

高山は観光人力車の元祖

町家建築の豆知識や古い町並みのショップ情報など、高山を熟知した車夫の案内で巡ろう。乗り場は、古い町並みの中心部、中橋のたもと、高山陣屋前の3カ所(☞P25)。

▶主なみどころは15〜30分で巡れる

☎0577-32-1430 ¥2人乗り15分4000円〜、3人乗り15分6000円〜 ⏰8時30分〜17時(季節により変動あり) 休豪雨・豪雪時 Ｐなし MAP P81D3／付録表D3

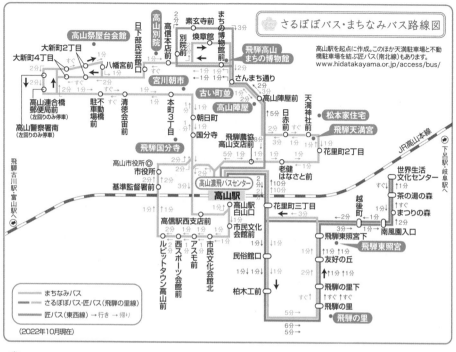

さるぼぼバス・まちなみバス路線図

高山駅を起点に作成。このほか天満駐車場と不動橋駐車場を結ぶ匠バス（南北線）もあります。
www.hidatakayama.or.jp/access/bus/

凡例
- まちなみバス
- さるぼぼバス・匠バス（飛騨の里線）
- 匠バス（東西線）→行き →帰り

（2022年10月現在）

高山駅を起点に！人気エリアのアクセス早見表

目的地 ＼ 出発地	高山駅 ※まちなみバス・さるぼぼバス・匠バスは高山濃飛バスセンターから	古い町並 ※まちなみバス・匠バスはバス停さんまち通りから	高山陣屋 ※まちなみバス・匠バスはバス停高山陣屋前から	高山祭屋台会館 ※まちなみバスはバス停八幡宮前から	飛騨の里 ※さるぼぼバス・匠バスはバス停飛騨の里（まつりの森経由なし）から
高山駅 ※まちなみバス・さるぼぼバス・匠バスは高山濃飛バスセンターまで		右回り13分 東西線17分 3分 5分 11分	右回り10分 飛騨の里線19分 3分 5分 9分	右回り19分 7分 9分 19分	15分 飛騨の里線15分 5分 12分 ×
古い町並 ※まちなみバス・匠バスはバス停さんまち通りまで	左回り9分 東西線7分 5分 11分		左回り1分 東西線2分 2分 7分	右回り6分 4分 5分 7分	× 6分 17分 ×
高山陣屋 ※まちなみバスはバス停高山陣屋前まで	左回り8分 東西線5分 3分 5分 9分	右回り3分 × 2分 7分		右回り9分 6分 8分 15分	× 5分 13分
高山祭屋台会館 ※まちなみバス・匠バスはバス停八幡宮前まで	右回り20分 7分 9分 19分	× 4分 5分 7分	6分 × 8分 15分		× 10分 20分
飛騨の里 ※さるぼぼバス・匠バスはバス停飛騨の里（まつりの森経由なし）まで	9分 飛騨の里線9分 5分 12分	× 6分 17分 ×	× 5分 13分	× 10分 20分	

さるぼぼバス　まちなみバス　匠バス　タクシー　自転車　徒歩
※まちなみバス、さるぼぼバスの乗り換えを要するものはタクシーの所要時間を入れています。徒歩、自転車ともに30分以上かかるものは「×」と表記しています。

荷物を預けたい場合は、JR高山駅や高山濃飛バスセンター前などにあるコインロッカーを利用しましょう。

高山 ● 高山市内の交通手段をチェック

一日かけてゆっくりと
高山の王道スポットをめぐりましょう

散策所要 約6時間

高山名物の朝市をはじめ高山陣屋や町家カフェなど、
王道の6スポットを巡る1dayプランをご紹介します。

START! **JR高山駅** 徒歩10分

① 10:30

古い町並周辺
🛍 ひだたかやまみやがわあさいち
飛騨高山宮川朝市

宮川の東岸に
さまざまな露店が並ぶ

宮川沿いで毎朝開催しており、多いときには50店舗以上が出店。地元でとれた新鮮な野菜や果物をはじめ、手作りの民芸品や漬物などを扱う露店が並ぶ。

DATA ☞P39 MAP P81D2／付録表C1〜2

①JR高山駅。橋上駅舎と自由通路「匠通り」があり、東西の行き来が自由 ②露店は宮川沿いに一列に並ぶ ③高山の人気マスコット、さるぼぼ ④かかさ(お母さん)との会話も朝市の楽しみ

高山陣屋
① 11:30
📷 たかやまじんや
高山陣屋

政治の中枢を担っていた
高山の歴史的シンボル

飛騨の国が江戸幕府の直轄地となってから、約180年にわたり飛騨などの行政の中枢を担った場所。幕末には全国に60数カ所もあった代官所・郡代役所だが、当時の建物が残るのはココのみ。

DATA ☞P34 MAP P81D4／付録表C6

徒歩10分
徒歩5分

▲天保3年(1832)に建てられた表門

古い町並
① 12:40
🛍 こうほ のとや
香舗 能登屋

徒歩2分

古色の町家で選ぶ
心癒やす香り

築200年以上の町家を利用した店内に、スティック、コーン、渦巻き形のお香が150種以上と、多彩な香立てが揃う。おみやげにはさるぼぼをモチーフにした商品を。

DATA ☞P33 MAP P81D3／付録表E5

①さるぼぼ お香立て1540円 ②匂い袋Pochi各660円③町家空間に商品が並ぶ香りのグッズ専門店

古い町並 ⏱14:00
喫茶去 かつて
（きっさこ かつて）

町家を改装した和カフェでほっこり

築160年以上の町家を改装。格子窓越しに古い町並の風景を眺められるカウンター席と、開放的な吹き抜け空間が印象的な座敷席でひと息つける。

DATA ☞P28 **MAP** P81D3／付録表D4

❶喫茶去とは禅語で「お茶でもどうぞ」の意味 ❷和風パフェあまがさね（日本茶付き）1100円 ❸格子窓越しに見る風景は、まるで一枚の絵のよう

夜の古い町並散歩もおすすめ
古い町並（☞P24）では17～18時に閉店する店がほとんど。夜になると町家を照らす灯りが独特の雰囲気を醸し出し、昼間の賑わいとは違った一面を見ることができます。

徒歩10分の
JR高山駅から
バス10分

飛騨の里 ⏱15:30
（ひだのさと）

昔懐かしい農山村の暮らしを再現

4万坪の敷地に、国の重要文化財4棟を含む約30棟の古民家を移築。建物内では昔の生活道具を展示している。また、敷地内には米や野菜を栽培する田畑があり、のどかな風景が広がる。

DATA ☞P68 **MAP** P79E4

❶四季折々の景色も魅力 ❷伝統工芸の実演も日替わりで行っている

GOAL! JR高山駅
バス10分

徒歩4分

❷

古い町並 ⏱13:10
脇茶屋
（わきぢゃや）

飛騨地方の郷土料理朴葉味噌に舌鼓

朴葉味噌とは、ホオノキの葉の上に味噌や野菜をのせて焼いた料理。ここでは、キノコやネギがたっぷりのる朴葉味噌定食1300円で味わえる。

DATA ☞P43 **MAP** P81D2／付録表D3

❶朴葉味噌定食には煮物の盛合せと漬物も付く ❷観光客で賑わう上三之町にある

下町地区
宮川・鍛冶橋・安川通り・158
飛騨高山宮川朝市・脇茶屋
柳橋・人力車待機所（ごくらく舎）
飛騨高山まちの博物館
喫茶去 かつて
飛騨の里・高山駅・夜橋・さんまち通り
上町地区
香舗 能登屋
高山陣屋・飛騨・高山コンベンション協会（観光案内所）
高山陣屋前朝市・中橋・高山市政記念館
100m
A B

「高山陣屋」ではガイドによる案内を行っています。料金は無料で、所要時間は50～60分。当日窓口で申し込むか、電話で事前予約を。

テイクアウトおやつを食べながら
高山の古い町並フォトジェニックさんぽ

道の両側に町家が軒を連ねる高山の古い町並を、カメラ片手にぶらりおさんぽ。
アドバイスを参考に撮影しつつ、食べ歩きも楽しみましょう。

高山の古い町並はどんなところ？

上一之町～上三之町、下一之町～下三之町の6つの町の総称で、高山のメイン観光エリア。城下町の中心として栄え、明治～大正時代の町家建築が残る。建物の多くはカフェやショップに改装されていて、そぞろ歩きが楽しい。

📷 青空が映える一枚に

▶対角線上に撮影すれば、道路が目立たず町家が並んでいる様子がわかる

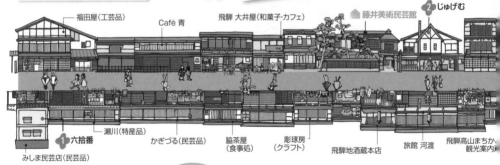

福田屋(工芸品)　Café 青　飛騨 大井屋(和菓子・カフェ)　🏠藤井美術民芸館　2 じゅげむ

瀬川(特産品)

1 六拾番

みしま民芸店(民芸品)　かぎづる(民芸品)　脇茶屋(食事処)　彫塑房(クラフト)　飛騨地酒蔵本店　旅館 河渡　飛騨高山まちか観光案内所

1 ろくじゅうばん　六拾番

飛騨牛の串焼き1本600円～や、飛騨牛塩つくね1本500円を販売。飛騨牛を味噌で煮込んだ、とろ煮1杯800円～も人気。

☎0577-33-2683　🏠高山市上三之町60　⏰10～16時　休不定休　交JR高山駅から徒歩10分　Pなし　MAP P81D2／付録表D2

📷 下からあおって迫力を出す

とろ煮 800円～
特製味噌で煮込んだ肩ロースやスジのトロトロの食感が魅力

🏠 ふじいびじゅつみんげいかん
藤井美術民芸館

高山城二の丸の登城門をモデルにした入口の迫力を伝えよう
※2022年11月現在休館。

飛騨牛串焼き モモ霜降り 1本500円

強火で一気に焼き上げ、肉のうま味を凝縮。味付けは塩こしょう

2 じゅげむ　じゅげむ

飛騨牛の串焼きは、赤身300円、モモ霜降り500円、ロース800円(1日20本限定)の3種類。

☎0577-34-5858　🏠高山市上三之町72　⏰9～17時　休無休　交JR高山駅から徒歩10分　Pなし　MAP P81D3／付録表D3

古い町並周辺MAP

- 飛騨古川駅へ
- いちのまちパーキング
- 高山中央P
- 旭パーキングP
- 市営かじ橋P
- 安川通り
- 国分寺通り
- たなべP
- 銀兵横丁P
- 市営空町
- 市営えび坂
- 市営みなたか パーキング
- 高山駅第2P
- 高山駅
- 市営広小路P
- しらかわ
- 柳橋
- 筏場
- 広小路通り
- 高山陣屋
- 市営神明
- 高山本線
- なか橋
- プラザ陣屋P
- 158
- 下呂駅へ

🏠 ごくらく舎（人力車）

人力車を正面から撮影すると奥行も出て大人な雰囲気に。格子も際立つ➡P20

映画のワンシーンのように

飛騨の大太鼓 1枚300円
直径約15cm！たまり醤油で味付けし、備長炭で手焼きしている

3 てやきせんべいどう
手焼煎餅堂

さるぼぼ型やハート形など約60種類のせんべいが揃う。店先で焼くジャンボ煎餅が名物で、できたてのパリッとした食感がたまらない。

☎0577-33-9613 🏠高山市上三之町85 🕘9〜17時 休無休 交JR高山駅から徒歩10分 🅿なし MAP P81D3／付録表D4

- 龍神台（屋台蔵）
- ごくらく舎（人力車）
- SAN AI HANDMADE
- 布ら里（和雑貨）
- 茶乃芽（甘味処）
- 茶屋三番町
- 3 手焼煎餅堂
- 5 御食事処 坂口屋
- そばの店 志田
- P26へ☞
- 三川屋本店（特産品）
- 森林緑々園（駄菓子）
- 高山 うさぎ舎（和雑貨）
- アンティークギャラリー かとう
- とうふ料理 のぐちや
- 4 こって牛
- 咲くや この花
- 春秋（陶器）
- 三川屋（けやき工芸品）

気になる一角を切り取る

🏠 ちゃやさんばんまち
茶屋三番町
➡P29
家の外壁に伝う朝顔がレトロな景観によく映える

4 こってうし
こって牛

雑貨を扱う店の店頭で購入した「飛騨牛にぎり寿司」を店内にある中庭を望む休憩スペースで味わうことができる。

☎0577-37-7733 🏠高山市上三之町34 🕘9〜17時（12〜3月は〜16時30分）休無休 交JR高山駅から徒歩10分 🅿なし MAP P81D3／付録表D4

飛騨牛三種盛り 1000円
店頭のテイクアウトショップ「こって牛」では、5等級の希少部位を使った飛騨牛にぎり寿司が人気

📖 飛騨高山まちなか観光案内所（MAP P81D3／付録表D3）で、観光パンフレットやマップが手に入ります。

高山 ● 古い町並フォトジェニックさんぽ

25

テイクアウトおやつを食べながら
高山の古い町並フォトジェニックさんぽ

P25からのつづき

5 おしょくじどころ さかぐちや
御食事処 坂口屋

飛騨牛料理と飛騨そばを味わえる地元で人気の老舗料理店。人気メニューは、飛騨牛のスライスがのる、うっしっし丼2100円。

☎0577-32-0244 住高山市上三之町90 営11時～14時30分LO 休火曜(不定休あり) 交JR高山駅から徒歩10分 Pなし MAP P81D3／付録表D4

▲店頭で飛騨牛のにぎり寿司を販売

古い町並を斬新な目線で

元祖飛騨牛にぎり寿司 2貫
テイクアウト 600円～
イートイン 700円～
飛騨牛と甘めの醤油ダレがよく合う。えびせんのお皿代わりを考案！

らんかこーひーてん
藍花珈琲店 ☞**P31**
できる限り店の壁に近づき、舐めるように撮る。手前の看板をアクセントに

そばの店 志田　｜　6 さん陣　｜　喫茶去 かつて　｜　藍花珈琲店

5 御食事処 坂口屋　｜　渡辺清光堂(駄菓子・陶器)

◀ P25 へ

さんまち通り

三川屋(けやき工芸品)　｜　茶房 大野屋　｜　春慶茶道具 古渓堂　｜　大のや醸造

みたらしだんご
1本100円
厳選醤油のみで味付けされた素朴な味わい

五平餅
1本300円
クルミ入りの特製味噌ダレが後引くおいしさ

看板をクローズアップ

6 さんじん
さん陣

上三之町界隈では、最も古いみたらしだんごの店。店先で、みたらしだんごと五平餅を焼いている。
☞**P43**
☎0577-33-1273 住高山市上三之町91-4 営11～18時 休木曜 交JR高山駅から徒歩10分 Pなし
MAP P81D3／付録表D4

らんかこーひーてん
藍花珈琲店 ☞**P31**
バックに紅葉や新緑などを入れて色鮮やかに、灯がともる夕暮れどきを狙うのもいい

盛花

古い町並周辺MAP

飛騨古川駅へ
いちのまちパーキング
上三之町
安川通り
高山中央 P
旭パーキング P 市営かじ橋
市営空町
高山駅前 第2
国分寺通り P
たなべ パーキング
鍛冶橋
しらかべ
市営 えび坂
柳橋
さんまち通り
高山駅
市営広小路
広小路通り
高山駅前広場
高山本線
高山陣屋
茂樹
中橋
市営神明
なか橋
下呂駅へ
プラザ陣屋

店先にある猫の像と記念撮影

久田屋 ^{ひさだや} ☞P43
5月上旬の藤の花の時期が素敵なお店の入口

かわいい看板がたくさん

飛騨版画喫茶 ^{ひだはんがきっさ} ばれん ☞P29

喫茶去 かつて ^{きっさこ} ☞P28

住真商店 ^{すみしんしょうてん} ☞P33

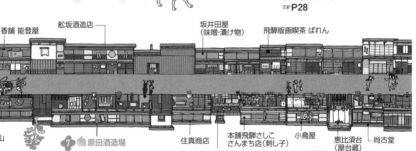

画洞
ます井味噌
香舗 能登屋
舩坂酒造店
坂井田屋 (味噌・漬け物)
飛騨版画喫茶 ばれん

久田屋
凸凹堂高山
7 原田酒造場
住真商店
本舗飛騨さしこ さんまち店(刺し子)
醸造元 角一 上三之町店(味噌・醤油)
小鳥屋
恵比須台 (屋台蔵)
尚古堂

山車元祖
地酒チーズケーキバー
1個175円
クリームチーズとサワークリーム、香り豊かな地酒がマッチ

7 原田酒造場 ^{はらだしゅぞうじょう}

創業約200年、「山車」で知られる老舗酒造。店内では、約10種類の地酒を試飲できる。山車 上撰 辛くち720mℓ1080円。
☞P56・71・125

地酒ゼリー 1個310円
辛口でキレのある「山車」で作ったゼリー。芳醇な香りが広がる

大吟醸酒 ソフトクリーム 350円
フルーティな香りと軽快な飲み口「山車大吟醸あべりあ」使用。販売は3月15日〜11月20日

軒下の杉玉を見上げる

原田酒造場 ^{はらだしゅぞうじょう}
軒下に下がる杉玉は、造り酒屋のシンボル。あおり気味でカッコよく!

高山市の七夕は8月7日。古い町並の通りには、七夕の笹飾りがたくさん見られます。

古い町並の町家カフェ＆レストランで レトロな時間を楽しんで

古い町並歩きで外せないのが、レトロな雰囲気の古民家カフェ＆レストラン。
格子窓や囲炉裏のある風情あふれる空間で食事や甘味を楽しんで。

きっさこ かつて
喫茶去 かつて

格子窓越しに古い町並を眺める

築約160年の建物は、大きな格子窓や開放的な吹き抜けが特徴。1階と2階のカウンター席からは、格子窓越しに通りを行き交う人々や人力車などの風景が楽しめ、和の情緒に浸ることができる。手作りのわらび餅550円、抹茶ミルク650円。

☎0577-34-1511 住高山市上三之町92 ⏰10～17時 休水曜（祝日の場合は営業）交JR高山駅から徒歩10分 Pなし MAP P81D3／付録表D4

ココが素敵♥
格子窓が、まるで大きな絵画のように町の風景を切り取る

◀喫茶去とは禅語で「お茶でもどうぞ」という意味だとか

和風パフェあまがさね（日本茶付き）
1100円
わらび餅など7種類の甘味がのる

ココが素敵♥
つくばい、灯籠、松、苔などを配した中庭に設けられたテラス席

ひだたかやまさりょう みつは
飛騨高山茶寮 三葉

ハイカラ気分でティータイム

江戸時代に町年寄を務めた名家の屋敷跡地に残る町家を利用したカフェ。座敷、個室、テラスなどさまざまな席があり、静かなひとときを過ごせる。おすすめは抹茶にこだわった創作スイーツ。

☎0577-57-7177 住高山市上三之町93-1 ⏰11～17時最終入店（土・日曜、祝日10時～）休不定休 交JR高山駅から徒歩10分 Pなし MAP P81D3／付録表D4

▶囲炉裏の部屋には往時のたんすや民具なども置かれている

三葉特製 お茶漬け
1300円
特製の根昆布だしを利かせたお茶漬け

版画作品が
飾られてます

独特な版画はがきは
おみやげにぴったり

「飛騨版画喫茶 ばれん」では、地元の作家が手がけた版画作品を販売しています。おすすめはオリジナル版画はがきで、値段は3枚1組が390円～、5枚セットが640円～。古い町並の町家カフェを訪れた記念にぴったりです。

ぎんぷうてい
銀風亭
風情あふれる空間で味わう高山伝承の食

飛騨牛と朴葉味噌を中心とする郷土料理の定食や懐石料理〈要予約〉などが味わえる和食処。店構えはケヤキ材を多用した豪壮な古民家を生かし、随所に配された手筒花火や絵馬などから高山の文化が感じられる。

☎0577-32-7566 住高山市上一之町66 🕐11～14時LO、17～20時（冬期は～19時）休月曜（祝日の場合は営業）交JR高山駅から徒歩11分 P3台
MAP P81E2／付録表F3

▲銀風亭と書かれたのれんが掛かる情緒漂う入口

ココが素敵♥
情緒漂う店内には椅子席と小上がり席。店内奥には坪庭もある

飛騨路いろどり御膳
3300円〈要予約〉
飛騨牛を多彩にアレンジ。ランチ限定

ココが素敵♥
築約180年の町家建築と、味のある版画作品が調和する

▲のれんには版画道具の"ばれん"が描かれている

抹茶わらび餅入り抹茶パフェ
800円
ほかに小倉トーストセット850円などもある

ひだはんがきっさ ばれん
飛騨版画喫茶 ばれん
甘味を味わいながら美術鑑賞

昔から版画制作が盛んな飛騨地方らしく、独特な版画作品が飾られた店内では、お茶をしながら美術鑑賞が楽しめる。大粒の小豆を用いた甘味を、コーヒー450円や抹茶ミルク650円などとぜひ。

☎0577-33-9201 住高山市上三之町107 🕐8時30分～17時（冬期9時～16時30分）休1回木曜（8月は無休。冬期は毎週木曜）交JR高山駅から徒歩10分 Pなし MAP P81D3／付録表D5

ちゃやさんばんまち
茶屋三番町
元商家の建物で心底くつろぐ

もとは築約150年の商家で、大八車の車輪を使ったテーブルや囲炉裏のある座敷席が印象的。甘さ控えめのあずき白玉は、春夏はガラス、秋冬は渋草焼の器に盛り付けられ、季節感を演出している。10～5月限定の田舎ぜんざい700円もぜひ。

☎0577-32-0417 住高山市上三之町84 🕐10～16時（15時30分LO）休木曜（冬季は不定休）交JR高山駅から徒歩15分 Pなし MAP P81D3／付録表D4

▲屋号"田近屋"と書かれた引き戸が入口

ココが素敵♥
店内の円いテーブルはすべて大八車の車輪を転用している

あずき白玉 (抹茶アイス入り)
700円
抹茶600円もおすすめ

📖 格子は太陽の光を建物内に採り入れつつ、外からの視界を制限する役目を果たしています。また、町家の格子窓はデザインも豊富。

古い町並でいただく
ほっこり贅沢映えスイーツ

古い町並を訪れたなら、ぜひ食べておきたい絶品スイーツの数々。
見た目も華やかなこだわりのメニューを、レトロな空間で味わいましょう。

イチオシPoint
口の中で溶けていくような
ふわふわの軽い食感

**おこめのパンケーキ
（キャラメルバナナ）
1580円**

米粉や葛粉を使ったグルテンフリーのスイーツ。全6種類。キャラメルバナナが一番人気

いわとや
岩ト屋

目にも楽しい綿菓子専門店

直径30cm超えのまんまる綿菓子が"映える"と評判。苺みるくや焙じ茶ラテ、飛騨山椒ショコラなど8種類580円〜。特に、A5等級飛騨牛使用のすき焼と綿菓子とのコラボ780円がユニーク。

☎0577-36-0102 🏠高山市上三之町79-2 🕙10〜16時（土・日曜、祝日は〜17時）🗓火曜 🚉JR高山駅から徒歩9分 🅿なし MAP P81D3／付録表D3

おみやげ用にパックされた綿菓子は10種類500円〜

ふきゅうあん
布久庵

趣ある空間と極上の甘味

明治時代創業の呉服店の母屋や蔵を活用した茶房。飛騨家具で統一された贅沢な空間で、素材にこだわった手作りの甘味が味わえ、自家製わらび餅880円や盛りだくさんの布久パフェ1480円も人気。

足を伸ばせる座敷席もある。ママにうれしいキッズルームも

☎0577-34-0126 🏠高山市下一之町17 🕙11〜17時 🗓火曜 🚉JR高山駅から徒歩15分 🅿4台 MAP P81D2／付録表E1

**綿菓子
（真っ赤なベリー）
580円**

フランボワーズ、ブルーベリー、クランベリーと3種のベリーの甘酸っぱい味わい

イチオシPoint
高級ザラメを使ったきめ細かく繊細な甘さ

**ふわふわかき氷
生イチゴ
935円**

ミキサーで作ったフレッシュ&濃厚イチゴソースたっぷりのふわふわかき氷生イチゴ

イチオシPoint
きめ細かい氷がふわふわ感を演出

古民家の構造を残したカフェ空間

ひだ おおいや
飛騨 大井屋

四季を映した手作りスイーツ

アットホームな雰囲気の和菓子とカフェの店。えごま入りのあぶらえ餅や季節のまんじゅうなどと飲み物のセット、冬のぜんざい（お茶付き）など主に季節の国産素材を使ったスイーツが人気。

☎0577-32-2143 🏠高山市上三之町68 🕙10〜17時（季節により変動あり）🗓木曜、ほか臨時休業あり 🚉JR高山駅から徒歩10分 🅿なし MAP P81D2／付録表D3

カプチーノならぬ 茶プチーノに注目

「藍花珈琲店」では、抹茶をカプチーノ風に濃厚に仕上げた茶プチーノ/680円が味わえます。お店の看板メニューの一つでもあり、高山観光の記念にオーダーする人も多いです。ホットとアイスがあります。
MAP P81D3／付録表D4

イチオシPoint
アイスもあんこもたっぷり。食べごたえあり

◆◆◆
抹茶パフェ
1000円
抹茶寒天とほうじ茶のブランマンジェをベースに、和の甘味が勢揃いのパフェ

かふぇ あお
Café 青
和スイーツ×町家空間

酒造店の町家建築を活用したカフェ。風情ある中庭を眺めながらくつろげる。白玉がカラフルな雪玉ぜんざい650円や飛騨りんごのクランブル800円（冬期）が好評。

中庭に面した特等席。一角には和雑貨の販売コーナーも

☎0577-57-9210 住高山市上三之町67 ◯10時〜16時30分LO 休不定休 交JR高山駅から徒歩10分 Pなし **MAP** P81D2／付録表D3

はなふうか
花風華
ビジュアル抜群なスイーツが豊富

築100年以上の醤油蔵をリノベした店内で多様なスペースを展開。カウンターで注文し、メニューを受け取るセルフ方式なので気楽に過ごせる。

☎0577-32-0397 住高山市上二之町77 ◯10〜16時 休木曜 交JR高山駅から徒歩12分 Pなし **MAP** P81E3／付録表E4

店頭には飛騨牛握りを販売する「金乃こって牛」を併設

イチオシPoint
茹でたてのほんのり温かい大きな自家製白玉団子

◆◆◆
白玉プレート
1250円
きな粉、本抹茶きな粉、和栗モンブラン、ショコラ、フルーツポンチ、日替わりアイスクリームがセットに

◆◆◆
抹茶ティラミスセット
1000円
抹茶のシフォンケーキとティラミスがマッチ。甘さ控えめでふんわりとろりの食べ心地（ドリンク付き）

イチオシPoint
升の器にうさぎモチーフがフォトジェニック

さぼううさぎ
茶房卯さぎ
温かな手作りの味わい

古民家を改装した和モダンなカフェ。1杯ずつサイフォンでいれるコーヒー500円や手作りの和スイーツが味わえる。3種類のスイーツとドリンクがセットになったお得な「夢卯さぎごぜんセット」1100円もおすすめ。

椅子席や座敷席、奥には個室（要予約）もあって全40席

☎0577-57-7476 住高山市下二之町40 ◯10時〜16時30分LO 休水曜（祝日の場合は営業）交JR高山駅から徒歩13分 P専用駐車場 **MAP** P81D1

古い町並で見つけた
かわいい和雑貨をご紹介します

風情ある町並にマッチした和雑貨ショップでお買い物。
ぬいぐるみやお香など、乙女心をくすぐるアイテムを集めました。

> 着物と帯の柄もかわいい

おかっぱちゃんストラップ
各1430円
オリジナルキャラクター「あい吉くん」
「くるみちゃん」の可愛いパーツ付き **1**

> 後ろ姿も可愛いよ

パワーストーン付き
着物ドールストラップ 各1573円
細部までこだわったひとつひとつ手
作りのフェルトストラップ **1**

> 同じモチーフのピアス・イヤリングも！

オリジナル・ピンブローチ
各2200円
「高山うさぎ舎」と「メガネ素材工房
mamas」のコラボアイテム！ **2**

> 店の看板ウサギ "うぼぼ"

うぼぼ人形
古布柄(小)1210円、白色(小)1100円
さるぼぼとウサギがコラボして誕生し
た "うぼぼ"。小、中、大の3サイズある。
小は高さ約8cm **2**

> おしゃれに差がつくアクセント

木のブローチ 4620円
木の個性を生かしながら彩りを添え
たブローチ。ひとつひとつ丁寧に作ら
れている **3**

> 普段使いにぴったり

麻のメガネケース 1650円
しなやかな曲線が美しい紋様の
メガネケース **3**

---

1 SAN AI HANDMADE（さん あい はんどめいど）

ハンドメイド作品を中心に個性的、可
愛い&POPなアイテムが勢揃い。
☎0577-33-0396 住高山市上三之町80 営9
～17時(季節により変動あ
り) 休無休 交JR高山駅か
ら徒歩10分 Pなし
MAP P81D3／付録表D3

2 高山うさぎ舎（たかやまうさぎや）

オリジナルをはじめ、作家作品や全国
から集めたウサギグッズが並ぶ。
☎0577-34-6611 住高
山市上三之町37 営9～17
時(季節により変動あり) 休無
休 交JR高山駅から徒歩10
分 Pなし MAP P81D3
／付録表D4

3 青（あお）

「和のある暮らし」をテーマに、器や布
製品など全国から集めた雑貨が揃う。
☎0577-34-9229 住高
山市上一之町85 営10
～17時 休無休 交JR高
山駅から徒歩15分 P1台
MAP P81E3／付録表F4

干支がモチーフの
かわいい小物

「住真商店」には、干支をモチーフにしたグッズが数多く揃っている。木版画の干支をモチーフにした写真のぽち袋各180円のほか、ぬいぐるみやコースターなど、毎年訪れて買い求めるファンもいるほどの人気。

高山らしい
和柄が魅力!

さるぼぼジャガード織がま口 1980円
さるぼぼ、合掌造り家屋、地酒と、飛騨名物が並ぶ。色違いもある 4

ガーゼ地で
やさしい肌ざわり

飛騨高山ハンカチ 1枚 660円
ダブルガーゼ地に合掌造り、中華そばなどの刺繍入り。全6種 4

雅な香りに
包まれて

古い町並in飛騨高山 1650円
さまざまなお香をセットに。おみやげにもぴったり。パッケージも素敵 5

香りで大人な
雰囲気に

お香 各1220〜1320円
お香ごとにさまざまな香りが楽しめる。乗鞍のそよ風(左)はさっぱりとした白檀の香り 5

素朴な風合い
に心和む

木版手染めぬいぐるみ
おしどり雌1190円(左)、雄1320円(右)
生木綿に版画を手刷りし、もみがらを詰めて形成したぬいぐるみ。美しい色使いも素敵 6

鈴が入った
十二面体の玩具

とんころ 1個 1055円
転がすとコロコロと鳴る鈴の音が名の由来。高さは約13cm。版画紙の絵柄は干支と花札の2種類 6

べんがら
4 べんがら

呉服商が営む、がま口を中心とする和小物の店。

☎0577-32-0014 住高山市上三之町15 ⏰9時〜17時30分 休水曜 交JR高山駅から徒歩11分 Pなし
MAP P81D3／付録表D4

こうほ のとや
5 香舗 能登屋

約150種類のお香が揃う。

☎0577-33-0889 住高山市上三之町104 ⏰10時〜15時30分(土・日曜、祝日は〜16時) 休水曜(祝日の場合は翌日) 交JR高山駅から徒歩10分 Pなし
MAP P81D3／付録表E5

すみしんしょうてん
6 住真商店

干支や野鳥、魚など、80種類以上の木版手染めぬいぐるみをラインナップ。

☎0577-32-0980 住高山市上三之町8 ⏰9時30分〜16時30分 休火曜(1〜2月は不定休) 交JR高山駅から徒歩10分 Pなし
MAP P81D3／付録表D5

📖 「青」ではオーダーメイドでのれんの注文もできます。注文後、約1カ月〜1カ月半で手元に届きます。

高山の歴史的シンボル
高山陣屋を見学しましょう

見学所要 約**1**時間

高山には、江戸時代の役所や役宅、蔵などが残る高山陣屋があります。
飛騨の政治の中枢を担った当時の建物を巡り、歴史の息吹きを感じてみましょう。

陣屋とは、江戸時代の
役所、役宅、蔵などの総称

①

高山陣屋周辺
たかやまじんや
高山陣屋

**江戸時代の姿をそのまま残す
国内唯一の代官所・郡代役所**

江戸幕府が、飛騨国を直接支配した時代の
代官所・郡代役所。元禄5年（1692）に飛騨
の国が江戸幕府の直轄地となって以来、約
180年にわたり歴代25代の代官・郡代が執
務した。幕末には、幕府の代官所・郡代役所
は全国60数カ所にあったが、当時の姿を今
にとどめるのは高山陣屋だけであり、歴史的
に価値が高い。

☎0577-32-0643 ㊟高山市八軒町1-5 ¥入館
430円 ⏰8時45分〜17時（11〜2月は〜16時30分、
8月は〜18時）㊡12月29・31日、1月1日 ㊙JR高山駅か
ら徒歩10分 Ｐなし MAP P81D4／付録表C6

①玄関には徳川葵の幕が掛かる ②青
海波模様の壁が見事な玄関の間 ③湯
茶の準備や休憩のための湯呑所 ④かま
どなど当時の調理道具も復元展示する台所

◀歴代の郡代がここに住んだ

ガイドの案内で巡れます
高山の歴史を熟知したガイドさんが高山陣屋を案内してくれます。料金は無料で、所要時間は約50～60分。当日窓口か事前に電話で申込みをしましょう。

ぐんだいのやくたく
郡代の役宅 Ⓐ

郡代の官舎。江戸から赴任した郡代とその家族が暮らした。

ごようば
御用場 Ⓒ

かつての高山城主・金森家の旧家臣などが地役人として事務を執っていた部屋。

▲御用場は御役所に隣接する

◀居間である「嵐山の間」からの眺め

コチラに注目です

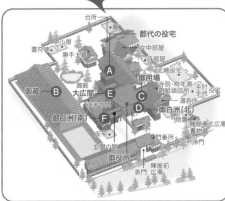

おんくら
御蔵 Ⓑ

▲1房に2000俵の年貢米を収納できる

元禄8年（1695）に高山城三之丸から移築された。2棟16房のうち1棟8房が現存する。

▲民への表彰なども行われた

おしらす（きた）
御白洲（北）Ⓓ

取り調べや裁判が行われた御白洲。北の御白洲では民事事件や種々の申し渡しが行われた。

おおひろま
大広間 Ⓔ

年中行事などに使用された場所。書院造りの部屋は49畳あり、高山陣屋で最も広い。

ウサギの釘隠しを発見

▶真向兎（まむきうさぎ）という伝統的なデザイン

① 大広間脇の廊下 ② 普段は3部屋に仕切って使用することもできた

▲当時の拷問器具などを展示

おしらす（みなみ）
御白洲（南）Ⓕ

刑事事件の取り調べが行われた。しかし、殺人などの犯罪は郡代では裁かず、幕府の勘定所に裁決を仰いだ。

📖 陣屋内の畳や縁は数種類あり、部屋の格式によって柄のある縁の畳、黒縁の畳、縁なしの畳を使い分けていました。

名工の技が見事です
趣あふれる町家建築ウォッチング

見学所要 各**30**分 程度

高山に残る伝統的な町家の特徴は、ダイナミックな吹き抜けにあります。
建物の細部にまで施された飛騨の匠の技を、心ゆくまで鑑賞しましょう。

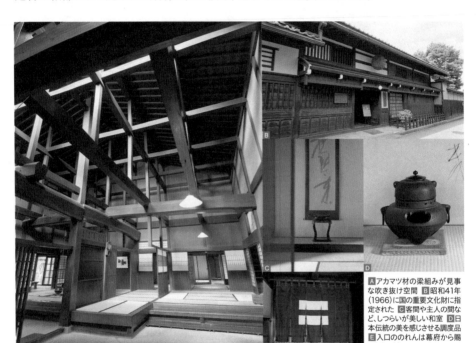

A アカマツ材の梁組みが見事な吹き抜け空間 B 昭和41年（1966）に国の重要文化財に指定された C 客間や主人の部屋など、しつらいが美しい和室 D 日本伝統の美を感じさせる調度品 E 入口ののれんは幕府から賜ったものだ

屋台会館周辺
よしじまけじゅうたく
吉島家住宅

**梁と柱が立体交差する
繊細かつ優美な豪商宅**

天明4年（1784）から酒造業を営んできた豪商の住宅。現在の建物は、明治38年（1905）の火災後に再建されたもの。天井が曲線を描く「折り曲げ天井」など、その優美な建築はどこか女性的だ。

☎0577-32-0038 🏠高山市大新町1-51 ¥入館500円 🕘9～17時（12～2月は～16時30分）無休（12～2月は火曜）JR高山駅から徒歩15分 Pなし MAP P81D1

✦ ココに注目 ✦

屋内の文庫蔵

本座敷の天井

▶京都・東本願寺大門と同材のケヤキ材が使われた扉が特徴。人目につきにくい部分にまでこだわりが感じられる

▲1階の本座敷の天井は建材にネズコの木を使用。天井板は砂袋で磨かれ、木目を際立たせている

折り曲げ天井

◀店舗の2階に位置する部屋では、屋根の形に沿うように曲げられた天井が見られる

高山最古の町家建築を見学

文政9年（1826）ごろの建造と伝わる「松本家住宅」。もとは薬種商を営む屋号"原三"の建物でしたが、明治45年（1912）にろうそくや練油などを扱う松本家が購入しました。
☎0577-36-5600 MAP P79D2

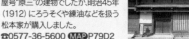

屋台会館周辺
くさかべみんげいかん
日下部民藝館

重厚で貫禄あふれる
幕府御用達の商家

天領時代（1692〜1868）に幕府の御用商人として繁栄した商家。高さ9.5m、約21cm角の檜材の大黒柱と長さ約18mの梁を組み上げた内部空間は圧巻。隣接する吉島家と比べて男性的な建物だ。

☎0577-32-0072 住高山市大新町1-52 Y入館500円 ◐10〜16時 休火曜（祝日の場合は翌日）交JR高山駅から徒歩15分 Pなし MAP P81D1

✣ ココに注目 ✣

デザイン性の高い窓
▶四隅を切った「隅切り窓」
▶薄い木の板を重ねた柿葺き屋根
柿葺きの屋根

A 釘を一切使わない梁組みが見事 B 蔵内には5000点の工芸品が展示されている C 長いひさしが印象的な母屋

A 玄関を入ると母屋、中庭、土蔵と続く B 建物は高山と富山を結ぶ越中街道沿いに立つ C 中庭は採光や換気の役目を果たす

✣ ココに注目 ✣

馬つなぎ環
▶玄関脇の金属環に馬をつなぐ
馬屋の「ませんぼ」
◀馬の柵となる棒を通す穴

屋台会館周辺
みやじけじゅうたく
宮地家住宅

町人の暮らしを伝える
通称「うなぎの寝床」

米店や酒店を営みながら、養蚕業や農業も行っていたという、半農半商の宮地家の住宅。間口の4倍もの奥行きがある縦長の間取りは「うなぎの寝床」とよばれ、当時の町人の暮らしぶりを物語っている。

☎0577-32-8208 住高山市大新町2-44 Y入館無料 ◐9時〜16時30分 休月〜金曜（祝日の場合は開館）交JR高山駅から徒歩20分 P5台 MAP P78C2

町家に吹き抜けが造られたのは明治時代から。江戸幕府による軒の高さ制限が撤廃され、匠が意匠を凝らして造るようになりました。

高山の朝は少し早起きして
二大朝市を散策しましょう

散策所要
約1時間

宮川沿いと高山陣屋前の2カ所で、毎日開催される朝市。
2つの朝市間は歩いて10分ほどなので、朝市めぐりを楽しみましょう。

カメラを持って 朝市さんぽ

多い日は、50店舗
以上の露店が一
列に並ぶそうです
　宮川朝市

桃の皮むきサー
ビスを行っていた
ので、その場で
いただきました
　宮川朝市

杯に入ったさるぼ
ぼ発見！これも手
作りなんですって
　宮川朝市

土がついたままの
飛騨ネギ。新鮮さ
が伝わってきます
　宮川朝市

葉付きのリンゴを見
つけて思わずパチリ。
おいしそうです
　陣屋前朝市

親指ほどの小さなナ
ス。漬物にするには
丁度いい大きさなん
だとか
　陣屋前朝市

手作りのお漬
物、味見させても
らいました。お話
も楽しかったです
　宮川朝市

自家製味噌がたく
さん。朴葉味噌は
高山のおふくろの
味です
　陣屋前朝市

**朝市さんぽの後に
コーヒーブレイク**

7時30分から営業している「喫茶ド
ン」でひと休み。昭和26年（1951）
創業で、高山市内で最も古いコーヒ
ー専門店です。カプチーノ500円。
☎0577-32-0968
MAP P81D2／付録表C3

こんなものを買いました

古い町並周辺
ひだたかやまみやがわあさいち
飛騨高山宮川朝市

宮川沿いに露店がズラリ

高山の中心部を南北に流れる宮川の東
岸、鍛冶橋から弥生橋までの約350mに
わたって露店が並ぶ。店のジャンルは、地
元産の野菜や果物をはじめ、さるぼぼや
一位一刀彫といった工芸品など幅広い。

☎0577-32-3333（高山市観光課）⏰7～12時
（12～3月8時～）休無休 交JR高山駅から徒歩10
分 P周辺の有料駐車場を利用 MAP P81D2／
付録表C1～2

**洋梨
1個130～200円**
バラードという品種の
洋ナシは、甘みがあり
ジューシー。旬は秋

**丸ごと赤かぶ
1袋300円など**
高山の漬物の定番が
コレ。甘酢漬けや千枚
漬けなど種類も豊富

**さるぼぼの
耳かき
1本250円など**
耳かきに付いて
いるさるぼぼは
手作り。価格も
手頃でおみや
げにぴったり

高山陣屋周辺
たかやまじんやまえあさいち
高山陣屋前朝市

高山陣屋前の広場で開催

高山の歴史的シンボルである高山陣屋前
で開催。中断時期はあるものの、大正時
代から現在までこの場所で続く歴史ある
市だ。新鮮な野菜や果物のほか生花を扱
う店も多く、店舗の数は20～30。

☎0577-32-3333（高山市観光課）⏰7～12時
（11～3月8時～）休無休 交JR高山駅から徒歩10
分 P周辺有料駐車場利用 MAP P81D4／付録
表C6

**乙女りんご
1袋200円**
丸かじりにぴったりの
小ぶりサイズ。蜜がた
っぷり詰まっている

**朝市もち
1袋350円など**
カボチャやヨモギ、クル
ミなど数種類の餅が
一度に味わえてお得

**ナツメ
1kg入り500円～**
秋が旬の木の実。さっ
ぱりとした甘さで、甘露
煮にすることが多い

知っておきたい 朝市を楽しむコツ！

**① 時間に余裕をもって
早めに出かけよう**

開催時間には準備と片付けの
時間も含まれている。2カ所の
朝市を巡るなら、露店が1カ所
に集中する陣屋前朝市からス
タートするのがおすすめ。

**② 旬の野菜と果物を
チェックしよう**

春は山菜やイチゴ、夏はトマト
やトウモロコシ、桃、サクランボ
などが並ぶ。秋は宿儺カボチャ
やキノコ類、リンゴ、冬は飛騨ネ
ギや赤カブなどが登場。

**③ 朝市さんぽのおともに
テイクアウトグルメを**

宮川朝市では、露店の向かい側
にもみやげ物店が軒を連ねる。
飛騨牛の串焼きや地酒のソフトク
リームなど、お手軽フードを販
売している店も充実。

📖 高山の朝市は、江戸時代の桑市が始まりといわれています。

高山 ● 高山の二大朝市を散策

39

全国有数のブランド牛
飛騨牛をランチでいただきましょう

飛騨グルメといえばやっぱり飛騨牛。憧れのブランド牛もランチなら手が届きます。
ステーキからシチュー、パスタまで、飛騨牛の絶品ランチをご紹介。

飛騨牛ステーキセット
4104円〜
肉のうま味が凝縮された一品。ソースはマ
スタードと赤ワインの2種類で、パンかライ
ス、スープ、ジェラート、コーヒーが付く

古い町並周辺

ひだぎゅうすてーきとはんばーぐせんもんてん
れすとらん る・みでぃ

飛騨牛ステーキとハンバーグ専門店
レストラン ル・ミディ

一級食材のうまさを引き出す
街のフレンチレストラン

厳選された飛騨牛を手頃な値段で提供する
店。フランスで修業したシェフによる技とセン
スが光る。人気のステーキセットにはモモ、ロー
ス、フィレ、サーロインと4つの部位が用意さ
れ、飛騨野菜を添えていただく。

☎0577-36-6386 住高山市本町2-85 ⏰11時30分
〜15時30分、18時〜21時30分 休不定休 交JR高山
駅から徒歩10分 P5台 MAPP81D3／付属表C5

◆予算目安
昼1人1944円〜（予約不要）
夜1人4104円〜（予約不要）

このランチもおすすめ
・飛騨牛こだわりハンバーグ 2484円
・飛騨牛ほほ肉のやわらか赤ワイン煮込み 4104円

■1 赤いベンチソファが印象
的な店内。2階席もある ■2 筏
橋西交差点の角に立つ

飛騨牛って？

飛騨牛とは、岐阜県内で14カ月以上
肥育された黒毛和種のうち、最高品質
のA5〜B3までにランクインしたもの
を指す。飛騨地方・北アルプスの雄大な
自然に育まれた飛騨牛は、肉質がやわ
らかく甘みが強いのが特徴だ。

サーロイン
脂がのり、風味が豊かな
最上級部位の一つ。牛の
肋骨のやや後ろにあり、ス
テーキなどに用いられる

テンダーロイン（フィレ）
最も肉質がやわらかい部
位。肋骨の内側に位置し、
脂肪分が比較的少ない。ヒ
レとも呼ばれる

モモ
牛の脚のモモに位置する。
よく動かす部位なので、赤
身で脂肪が少なく、たんぱ
く質や鉄分が豊富

本格カレーの 飛騨牛メニューも	カレー専門店「飛騨牛カレーハウス天狗」の飛騨牛ビーフカレー1600円は、約100g以上の飛騨牛が入り食べごたえ十分です。 ☎0577-32-0147 MAP P81D3／付録表C5

高山 ● 日本有数のブランド牛飛騨牛のランチ

【古い町並周辺】
れすとらん ぶるぼん

レストラン ブルボン

A5ランクの肉質にこだわる隠れ家的な本格ビストロ

地元で長年親しまれている本格ビストロ。飛騨牛は脂ののったA5ランクのみを使用する。おすすめのビーフシチューは、5時間ほど煮込んだ厚身の霜降り肉が口の中でとろける。

☎0577-33-3175 住高山市本町4-5 ⏰11〜14時、17〜21時 休不定休 交JR高山駅から徒歩10分 Pなし MAP P81D2

ビーフシチューコース
3900円
決め手のデミグラスソースは20日以上煮込んだ特製。スープやサラダなど全5品のコース

【このランチもおすすめ】

・飛騨牛ヒレ肉タタキ 5800円
・飛騨牛ステーキセット 6300円

◆予算目安
昼1人2900円〜（予約不要）
夜1人3600円〜（予約不要）

昭和48年(1973)創業

【古い町並周辺】
おすてりあ・ら・ふぉるけった

オステリア・ラ・フォルケッタ

飛騨牛と飛騨産の野菜をイタリアンで楽しむ

飛騨牛を使用したイタリアンが楽しめる。地元産の野菜や自家製ハーブを使った料理が自慢で、ランチ、ディナーともにコースメニューとアラカルトを用意。☎0577-37-4064 住高山市吹屋町3 ⏰11時30分〜13時.18〜20時 休木・金曜のランチ 交JR高山駅から徒歩13分 Pなし MAP P81F3

パスタコース
月ごとにコース内容は変更。イタリアで修業をしたシェフが作り出す、地の食材を生かした食事を楽しみたい（写真はイメージ）

【このランチもおすすめ】

・パスタコース 3400円
・プリフィックスコース5500円
・おまかせコース7000円（要予約）

◆予算目安
昼1人3000円〜（予約不要）
夜1人5500円〜（予約不要）

和風の店構えとのれんが目印

【高山陣屋周辺】
きっちんひだ

キッチン飛騨

ボリュームもランクも選べる飛騨牛のステーキハウス

飛騨牛ステーキ専門店として58年。食べ頃の肉を豊富に揃え、好みのランク、グラムを選べる。

☎0577-36-2911 住高山市本町1-66 ⏰11時30分〜15時00分、17時〜20時30分 休水曜（祝日の場合は営業）交JR高山駅から徒歩10分 P10台 MAP P81D3／付録表C5

飛騨牛ストロガノフ 2640円
有名なロシア料理の一つだが、飛騨牛100g分を特製ステーキソースとクリームでオリジナルな味に仕上げている

【このランチもおすすめ】

・A4級飛騨牛フィレステーキ100g5280円
・A4級飛騨牛サーロインステーキ120g5016円

◆予算目安
昼1人6000円〜（予約不要）
夜1人8000円〜（予約不要）

カウンターとテーブル席で30席ある

 飛騨牛ステーキとハンバーグ専門店「レストラン ル・ミディ」の宿儺カボチャの三ツ星プリン1個350円は、自然な甘さと濃厚さで大人気のおみやげです。

やさしい味わいにホッとする
山の恵みたっぷりの郷土料理

古都・高山は、古くから受け継がれてきた郷土料理の宝庫です。
地場産の食材と先人の知恵が生んだ昔ながらの味を堪能しましょう。

こも豆腐
簀巻きにした木綿豆腐を長時間煮詰めたもの。味が染み込みやすい

宿儺カボチャ
ヘチマのような細長い形が特徴の飛騨特産のカボチャ。栗のような甘さと風味をもつ

煮たくもじ
醤油や砂糖で味付けした漬物。"くもじ"とは宮仕えの女官が用いた隠語で漬物を指す

ころいも
直径2cmほどの小さなジャガイモ。皮付きのままるごと甘辛く煮る

在郷定食 2700円
10品のおかずからなる在郷盛り合わせをメインに、鰊の甘露煮や朴葉味噌などが付く

屋台会館周辺

きょうや
京や

素朴な飛騨の家庭料理に舌鼓

山里の情緒あふれる、昔ながらの家庭料理が味わえる店。築160年の古民家を移築改装した店内には囲炉裏席もある。おすすめの在郷定食は、地場産の山菜料理などが存分に楽しめるお得なセットだ。

☎0577-34-7660 住高山市大新町1-77
時11〜22時 休火曜 交JR高山駅から徒歩15分 P15台 MAP P81D1

◆予算目安 昼1人1500円〜（予約不要）
夜1人2500円〜（予約不要）

鶏ちゃん700円。3種の味噌をブレンドして味付け

1 民芸品が飾られた店内。横長の囲炉裏がある
2 江名子川に架かる桜橋のたもとに立つ

高山の定番おやつ 五平餅を食べよう

潰したご飯を形成して串焼きにした五平餅。テイクアウトで販売するお店がたくさんあります。上三之町にある「さん陣」の五平餅は1本300円。古い町並の散策で、小腹がすいたときのおやつにおすすめです。☞P26

赤カブ
飛騨地方の特産品。高山の漬け物といえば、赤カブ漬けが定番

`古い町並`
ひさだや

久田屋

四季折々の味覚が一皿に集合

板長が厳選した旬の食材を使った、滋味あふれる料理が味わえる。おすすめは、約10品の炊き物の盛合せがメインの田舎料理定食。山菜や野菜、豆腐などがのり、内容は季節替わり。

☎0577-32-0216 🏠高山市上三之町12
🕙10時30分〜15時 休不定休 🚃JR高山駅から徒歩10分 🅿なし MAP P81D3／付録表D5
◆予算目安 昼1人1500円〜（予約不要）

田舎料理定食 1500円
素材の味を生かした素朴な味わい。小鉢3品や冷奴、漬物なども付く

建物は築約150年。江戸時代から続いた旅館が前身

`古い町並`
わきぢやや

脇茶屋

気軽に利用できる古都の食事処

そばやうどん、サクサクの天ぷらなどを手頃な値段で楽しめる（予約可）。そばも付いた飛騨牛陶板味噌定食2500円もお値打ちで、オススメだ。

☎0577-32-0981 🏠高山市上三之町52
🕙11時〜15時30分 休水曜（冬期不定休）
🚃JR高山駅から徒歩10分 🅿本店「脇陣」駐車場10台 MAP P81D2／付録表D3
◆予算目安 昼1人700円〜（予約不要）

朴葉味噌
朴葉の上に味噌をのせて焼く高山の郷土料理。味噌の香ばしさを味わう

朴葉味噌定食 1300円
山菜やころいもなどのおかずに朴葉味噌、ご飯、味噌汁、漬物付き

ひょうたんが描かれた青いのれんが目印

📖 「馳走屋 侘助」（MAP P81D2）の店内には車革笥や幕末の剣客・山岡鉄 舟 筆の衝立などが置かれ、しっとりした風情が漂います。

高山ラーメン＆飛騨そば
二大ご当地麺を召し上がれ

全国的に知名度も人気も高い、高山ラーメンと飛騨そば。
飛騨の歴史とともに発展してきた、二大ご当地麺の真髄を味わいましょう。

▲リピーターが多いので、行列覚悟で出かけよう

屋台会館周辺
やよいそば 角店
やよいそば かどみせ

ほのかな甘みのあるスープが美味

昭和23年（1948）に創業した中華そば店の2号店。鶏ガラとかつお節をベースに、たっぷりの野菜を煮込んだスープの甘みが好評だ。

▲店内は、カウンター席と大きめのテーブル席が1つ

☎0577-32-2088 住高山市七日町1-43 ⏰11〜19時（12〜3月は11〜18時）休火曜 交JR高山駅から徒歩13分 P3台 MAP P81D1

中華そば（並）900円
コクがありながらすっきりした味わいが特徴。トッピングのゆで卵は1個100円

高山駅周辺
麺屋しらかわ
めんやしらかわ

行列が絶えない人気店

メニューは「中華そば」（700円並）のみ。特注のちぢれ麺に、鶏ガラや野菜、魚介をじっくり煮込んだコクのあるスープが絡む。

☎0577-77-9289 住高山市相生町56-2 ⏰11時〜スープがなくなり次第閉店 休月曜の夜、火曜 交JR高山駅から徒歩8分 Pなし MAP P81D2/付録表B3

中華そば 煮玉子入り 900円
基本の中華そば750円に半熟の煮玉子をトッピング。地元産の濃口醤油を使用

高山ラーメンって？

高山ラーメンは、第二次世界大戦以前の屋台が発祥とされ、地元では「中華そば」とよばれ親しまれている。醤油ダレのスープに細いちぢれ麺が基本だ。

▲素朴な店構え。メニューは中華そば（小・並・大盛）のみ

高山駅周辺
まさごそば
まさごそば

屋台から始めた中華そばの草分け

高山ラーメンの元祖的存在。昭和13年（1938）に屋台から始めて以来、中華そば一筋で今に至る。かつお節＆野菜ベースのだしに濃口醤油を加えたスープがたまらない。

☎0577-32-2327 住高山市有楽町31-3 ⏰11時30分〜16時 休水曜、不定休 交JR高山駅から徒歩8分 P3台 MAP P81D3/付録表C4

中華そば（並）800円
濃いめのスープが染みた自家製の麺とチャーシューが美味

44

高山ラーメンの味を家庭でも楽しめる！

「やよいそば 角店」では、店内でみやげ用ラーメンを販売しています。真空パックの生麺を使用した、高山らーめん しょうゆ味は5食入りで1100円。2食入りなら280円。このほかみそ味2食入り280円なども。

高山 ● 高山ラーメン&飛騨そば

限定十割そば

（数量限定）**1300円**
つなぎを一切使わないため風味が豊か。特製石臼で挽いたそば粉を使用していてもちもちの食感

▼二八そば、うどん、丼なども提供する

高山駅周辺
ひださんそば とくせいうどん ひだ

飛騨産そば 特製うどん 飛騨

数量限定の十割そばは早い者勝ち

飛騨産そば粉100%の手打ちそばが楽しめる。風味豊かな名物の限定十割そばは、正午過ぎにはなくなることもある人気メニュー。

☎0577-32-1820 住高山市花里町5-22 営11時～売り切れ 休不定休 交JR高山駅から徒歩1分 P1台 MAP P80B3

高山駅周辺
ひだそば こぶね

飛騨そば 小舟

駅近くに立つ創業85年以上の老舗

創業85年以上の飛騨そばが味わえる老舗。名物の飛騨牛せいろそばのほか、山菜や天ぷらには季節限定メニューも数多い。

☎0577-32-2106 住高山市花里町6-6-9 営11～15時、17時30分～売り切れ次第閉店 休水曜 交JR高山駅から徒歩2分 P1台 MAP P80B3

▲店内には多くの有名人のサインが飾られている

飛騨牛せいろそば 1650円

飛騨牛のうま味が溶け込んだアツアツのツユと飛騨そばの相性は抜群

飛騨そばって？

飛騨地方は北アルプス山麓に位置する高冷地のため、昔からそばの実の栽培に適した地とされる。高山では、上質な飛騨産のそばの実を扱う店を訪れたい。

山菜ざるそば1450円

朴葉の上に風味豊かなそばと山菜をのせた、先代から続く寿美久のオリジナルメニュー

▲店主手書きの唐草模様のバイクが目印

高山駅周辺
すみきゅう

寿美久

飛騨の伝統を体現する手打ちそば

飛騨産のそばの実を石臼で挽いた自家製粉にこだわる店。挽きたて、打ちたて、ゆでたての三たてを守り、毎日その日の分だけ手打ちする。そばがき1250円などのサイドメニューも。

☎0577-32-0869 住高山市有楽町45 営11～20時（売り切れ次第閉店）休不定休 交JR高山駅から徒歩8分 Pなし MAP P81D3／付録表C4

📖 高山ラーメンは、ほかの地域のラーメンよりも比較的脂分が少なく、軽めの味わいです。

45

地元っ子に愛される
カジュアルランチにも注目です

気取らずリーズナブルにおいしい飛騨グルメを楽しみたい。
そんな人には、地元で評判のカジュアルランチがおすすめです。

飛騨牛バーガー(フレンチフライ付き)
2850円(数量限定)
飛騨牛の希少部位ランプ肉を使用した
パティはステーキのような食感

古い町並
せんたーふぉー はんばーがーず
CENTER4 HAMBURGERS

高山でしか味わえない
飛騨牛100%パティに感動

高山在住の外国人に評判のハンバーガー専門店。全約20種類のメニューのなかでもイチオシは、飛騨牛バーガーだ。パティはつなぎ不使用で、肉のうま味をストレートに感じられる。

☎0577-36-4527 住高山市上一之町94 ⏰17時30分〜20時LO 休水曜 交JR高山駅から徒歩15分 P2台 MAPP81E3／付録表F5

1 店内のアメリカン雑貨はオーナーのセレクト
2 ハンバーガーの看板が目印

古い町並
しゅんていなかがわ
旬亭なか川

地元の旬菜や日本海の鮮魚、
飛騨牛などが味わえる

フレンチをベースとした鉄板焼料理の店。自家栽培の野菜など厳選食材を使用したランチは、手頃な値段で人気。特選飛騨牛のハンバーグセット2530円も評判。

☎0577-34-4433 住高山市上一之町33-2 ⏰11時30分〜15時、18〜22時 休火曜 交JR高山駅から徒歩15分 Pなし MAPP81E3／付録表F4

1 地鶏や仔羊のメニューも人気
2 建物は築約100年の古民家を改装している

お昼のメニュー 1980円〜
内容は日替わり。サラダとメインはそれぞれ5種類のなかから選べる

こだわりの100%
飛騨牛ハンバーグ

「旬亭なか川」は、ハンバーグも100％飛騨牛使用。1人前170gのハンバーグランチセット2200円はジューシーでうま味たっぷり食べごたえ十分。飛騨牛中落ちステーキ・ランチセット3600円もおすすめ。

飛騨牛・飛騨豚ステーキコンボ
(ランチ限定) 3200円
サラダ、スープ、パンorライス付き

高山駅周辺
みゅーずばー

mieux's Bar

多彩な創作フレンチで
普段使いにもってこい

飛騨牛や飛騨野菜など地元食材を使った創作フレンチが気軽に楽しめる人気店。5〜6品からメインを選べるフレンチランチ1650円や飛騨牛100%のステークアッシュもぜひ。

☎0577-35-2430 🏠高山市名田町6-13-1 ⏰11時30分〜14時、17時30分〜21時30分 🈺不定休 🚉JR高山駅から徒歩4分 🅿あり
MAP P80C3

1 店内にはテーブル席とカウンター席がある
2 国分寺通りに面した好立地に立つ

ピッツァランチ 1200円〜
地野菜を使用したピッツァ。生地はもっちりorサクサクの2種類から選ぶ

高山駅周辺
ぶっちゃーず ひだ たかやま

BUTCHERS HIDA TAKAYAMA

この一皿で
飛騨を堪能できる!

飛騨牛赤身肉のランプステーキと飛騨豚を使った自家製ソーセージのランチ限定メニューが人気。欲張りな組み合わせで飛騨の味覚を存分に味わえる。

☎0577-36-3878 🏠高山市相生町58 ⏰11時30分〜14時LO、17時30分〜21時30分LO ⏰月曜のランチ、火曜 🚉JR高山駅から徒歩7分 🅿あり MAP P80C2／付録表B3

1 夜はワインバルとして利用も 2 飛騨牛ステーキ3000円〜などのアラカルトも充実

**トロトロ牛スジ肉の
スパイシーカレー 1100円**
じっくりと時間をかけ、丁寧に仕込んだ牛スジ肉のカレー。サラダ付き

高山陣屋周辺
ひらのぐらーの

ヒラノグラーノ

焼きたてのピッツァを
みんなでほおばる

高山では珍しい本格ピッツェリアで、石窯で丁寧に焼き上げる25種のピッツァがウリ。サラダやデザートが付くランチが特におすすめ。スパゲティのランチ1200円もある。

☎0577-36-3300 🏠高山市上川原町124 ⏰11時30分〜14時、17時30分〜21時 🈺月曜 🚉JR高山駅から徒歩15分 🅿7台 MAP P79D2

1 パスタや肉料理なども提供する 2 ピッツァ柄ののれんがかわいらしい

📖 「mieux's Bar」はワインの種類も豊富。夜は創作フレンチのアラカルトとともに楽しみましょう。

隠れ家ダイニング＆居酒屋で
おしゃれな夜を楽しみましょう

夕方、多くの観光名所やお店が閉まる高山では、夜の飲食店はとても貴重です。
知る人ぞ知る、おしゃれで隠れ家的な名店や人気店を紹介します。

おしゃれポイント
大正時代の梁や柱が
残るレトロ感と、和モダ
ンなデザインが調和。

▲シックな店内。2階には窓から宮川を眺められる個室もある

おしゃれポイント
木をふんだんに使った
店内はカウンター席から
座敷まで用途で選べる。

▲気さくで温かい人柄の主人と女将の目が行き届いた店内

◀おすすめメニュー▶

日本と世界のワイン100種以上
グラス1080円程度～

ソムリエールが
厳選したワイン
を味わえる。ワ
インスクールも
定期開催中

宿儺かぼちゃとベーコン
チーズのキッシュ 748円

旬替わりメニューの一品。自家
栽培の野菜のほか飛騨牛料
理もある

◀おすすめメニュー▶

地酒
1合530円～

飛騨の地酒が約
10種類と豊富に
揃う

お造り盛り合せ
1人前2700円～

内容充実の刺身盛り。カ
ウンターには大皿惣菜も
並ぶ

古い町並

ほんごう
本郷

宮川を望むレトロモダンな空間

宮川沿いに立つ古民家風の店。ソム
リエ兼利き酒師の女将が厳選した約
30種類の酒と、地場産の旬菜や日
本海の海の幸を使用した手の込ん
だ和洋の料理が揃う。1階のカウン
ター席からは宮川を眺められる。

◆予算目安 夜1人6000円～（予約優先）

大きな看板などがない、
まさに隠れ家

☎0577-33-5144
🏠高山市本町3-20
🕐18～23時 休日曜、
ほか不定休 🚃JR高
山駅から徒歩10分 P
なし MAP P81D2

高山駅周辺

たいしゅうかっぽう じゅらく
大衆割烹 寿楽久

日本海の幸を心ゆくまで味わう

昭和56年（1981）創業の大衆割烹。
新鮮な旬の刺身はもちろん、焼き魚
や煮魚、天ぷらもある。飛騨牛朴葉
焼き1300円。何がいいか迷ったら、
飛騨牛を盛り込んだ「大将のおまか
せ料理」5500円～がおすすめ。

◆予算目安 夜1人6000円～（予約不要）
※土・日曜、祝日は予約が望ましい

☎0577-33-0353
🏠高山市朝日町28-6
🕐16時30分～21時
30分 休不定休 🚃JR
高山駅から徒歩10分
Pなし MAP P80C2

宮川の流れを望む 夏期限定のテラス席

「本郷」には夏期限定のテラス席（要予約）があります。宮川の流れを眺めながら、一品料理とともにキンキンに冷えたビールをいただける、夏ならではの特別席。記念日やデート、女子会などで利用したいですね。

おしゃれポイント
店内は飛騨の古民家をイメージ。間接照明で雰囲気を演出している。

▲写真手前はテーブル席、奥は掘りごたつ席。2階に座敷もある

おしゃれポイント
清潔感のある和モダンな内装。伊万里焼の器など細部にもこだわる。

▲写真はカウンター席。ほか個室や中庭を隔てた特別な離れもある

◖おすすめメニュー◗

地酒セット 900円
高山の主力銘柄3種の地酒を飲み比べできるお得なセット

飛騨牛のにぎり寿司
(2人前6貫) 1800円
ほどよく炙った飛騨牛の寿司は見た目も華やか。1人前3貫 900円

高山駅周辺
かっぽういざかや ぜん
割烹居酒屋 膳

和食中心の豊富なメニューが揃う

季節ごとの食材を取り入れながら常時約60種類ものメニューを揃える。新鮮な魚介は刺身や焼き物、揚げ物で、A5ランクの飛騨牛は握りやたたきでいただける。庶民的な居酒屋として評判の店だ。

◆予算目安 夜1人3000円〜（予約不要）

壁に掲げられた「膳」の文字が目に飛び込む

☎0577-35-5852
住高山市末広町71
⏰17時30分〜24時
休日曜 交JR高山駅から徒歩10分 Pなし
MAP P80C2

◖おすすめメニュー◗

天領古酒 大吟醸
(90mℓ) 900円
蔵元にお願いして3年低温貯蔵して造った、店オリジナルの地酒

コース料理 (予約制)
1万6800円〜
霜降りの最高級飛騨牛を用意。山菜・川魚・キノコは店主自ら調達・調理する、こだわりの料理

飛騨高山まつりの森周辺
ひだきせつりょうり さかな
飛騨季節料理 肴

飛騨高山の四季を贅沢にいただく

高山郊外にある完全予約制の高級店。春は山菜、夏は川魚や高冷地野菜、秋はキノコ、冬は鮮魚やジビエ料理を中心に、客の好みに応じたきめ細かなコースを提供。

◆予算目安 昼1人1万8000円〜（要予約）
夜1人2万円〜（要予約）

☎0577-36-1288
住高山市越後町1126-1
⏰12〜15時、17時30分〜21時30分 休不定休 交JR高山駅から車で10分 Pあり
MAP P79F3

📖 高山は富山県から車で約1時間。だからこそ、高山のお店では富山県で水揚げされた新鮮な日本海の海の幸が味わえるんです。

手作りのぬくもりが伝わる
匠の技に出合えるクラフト雑貨

手作りの文化を大切にしてきた飛騨高山は、工芸品もみどころの一つ。
匠の技が詰まった家具や雑貨のなかから自分だけの一生ものを探してみませんか。

ナラの木と布のトートバッグ（深型）
椅子張り生地　各1万450円
底面がナラの木。木の溝に布を打ち込む
独自の方法で耐久性強化 ❶

長・短・秒針も
すべて木製

掛け時計
1万2900円
木目を生かしたシンプルなつくり。別
売りスタンドで置き時計にも ❷

デスクに木の
ぬくもりを

木製ホッチキス　各3080円
持った途端、手になじむ木の感触が
ポイント。素材はブラックウォールナッ
トと山桜 ❸

ロゴが
アクセントに

ナラの木と布のペンスタンド
椅子張り生地　各3080円
家具作りに使う木と布の組み合せが新鮮。木
がベースで安定感◎ ❶

ころんとかわ
いいカップ

木のカップ　4900円
木のコーヒースプーン　400円
木の箸置き　300円
木のティートレー　3500円
使い込むほど色艶が深まる木の器。水に強い
ウレタン塗装で特別な手入れも不要 ❷

ジュエリートレー
にも

しずくコースター
各1540円
花弁にも見える形が素敵。素材は山桜、
栗、ブラックウォールナット ❸

夫婦でコラボレーション
きなりもっこうじょ　きなり・てん
❶ キナリ木工所 kinari-ten

家具職人と椅子張り職人夫妻の共同
制作による、木と布を合わせた雑貨
が人気。ショップにはカフェも併設し
ている。

☎0577-77-9707 住
高山市上岡本町7-214
🕐11〜17時 休月〜木曜
交JR高山駅から徒歩15
分 P2台 MAP P79D3

生活に溶け込む日常雑貨
すうぃんぐ　ひだ　たかやま
❷ SWING HIDA TAKAYAMA

存在感のある一枚板テーブルが評判の
家具メーカー。オリジナル雑貨は素材を
生かしたシンプルなデザイン。

☎0577-57-7878 住高山市上二之町51
🕐10〜16時 休不定休 交JR高山駅から徒
歩10分 P1台（要予約）
MAP P81E2

日常を彩るクラフト
ひだこれかぐ　ひだ・これくしょん
❸ ヒダコレ家具
〈HIDA-COLLECTION〉

暮らしに寄り添うオーダー家具の工
房。店内では木工雑貨を中心に、陶器
など地元作家のクラフトも販売。

☎0577-57-7555 住
高山市上岡本町3-362
🕐10時30分〜17時30分
休水曜 交JR高山駅から
徒歩15分 P6台 MAP P79D3

吊るすとオーナメントに

レーザーコースター
各390円
レーザーによって繊細な模様にカット。幾何学模様や花模様など6種類が揃う **4**

素材は飛騨の広葉樹

広がるブックエンド 4950円
スライドさせると挟む幅が30cmまで広がる。スムーズな動きはさすがの職人技 **5**

裁縫が楽しくなりそう

羊毛ピンクッション
3850円～
木工房「noco wood craft design」が制作。天然木から削り出した器に羊毛をフェルト状に刺し固めた針山 **6**

インテリアのアクセントに

壁掛け一輪挿し
2790円
素材は木目の美しいブラックウォールナットで、スタイリッシュなリーフ形。壁に画鋲を打って簡単に掛けられる **4**

絵になるフォルム！

一輪挿しキューブ 各3300円
4.3cm四方で掌にのるサイズ。挿し口に漆が塗ってあり、直に水を入れてもOK **5**

ミニマムで機能的！

トイレットペーパーホルダー
5500円
木工職人のユニット「osio craft」が制作。色味の違う2種類の木を組み合わせたバイカラーのモダンなデザイン **6**

飛騨の名品が一堂に
たくみかん
④ 匠館

家具メーカーが営むセレクトショップ。自社ブランドの木工クラフトを中心に、地元の特産品が揃う。カフェや家具のアウトレットコーナーも。

☎0577-36-2511 住高山市下三之町1-22 ◐9～17時 休火曜（不定休あり）交JR高山駅から徒歩10分 Pあり MAP P81D2／付録表D2

丁寧なものづくり
きた きた しょっぷ
⑤ kita kita shop

それぞれの木の個性を生かした家具作りを身上とする「北々工房」のショップ。オリジナルの雑貨は細部へのこだわりや端正なデザインが魅力。

☎0577-35-0023 住高山市本町2-34 ◐11～18時 休火・水曜 交JR高山駅から徒歩10分 Pなし MAP P81D3

飛騨の広大な木工ワールド
かしわもっこう たかやましょーるーむ
⑥ 柏木工 高山ショールーム

約1000㎡という大空間に飛騨家具の魅力を伝えるオリジナル家具を展示。地元の木工職人のクラフトを中心に、各地の木工雑貨も揃えている。

☎0577-32-7288 住高山市上岡本町1-260 ◐9時30分～17時30分 休無休 交JR高山駅から車で10分 P20台 MAP P79D4

温かみあふれる逸品揃い
Made in 高山の雑貨をおみやげに

飛騨・高山の伝統を受け継ぎつつ、現在風のアレンジも加わった工芸品の数々。
地元の職人が一つずつ丁寧に作った逸品を、旅のおみやげに選びましょう。

飛騨の里周辺

こち
kochi

高山をはじめ全国の作家約20人の
アイテムを扱う。オーナー手作りの
木工クラフトをはじめ、陶磁器、布製
品、ガラス製品などもあり、日用雑貨
からベビー用品までかわいいアイテ
ムが目白押し。

☎0577-35-5176 住高山市西之一色町
3-813-7 🕙10〜18時 休木・金曜、第3日
曜 交JR高山駅から車で10分 P3台
MAP P79E4

店内の棚などにも木
材を多用している

あずまかずとし
東 和利さん
木工産業が盛ん
な飛騨の木工作
家。作品に合わせ
て道具も手作り

どこか心が温まる 使って楽しい木製雑貨

これもほしい

木のぬくもりを感
じられるBARホ
ッチキス3080円

❶Wedgeテープカッター5830円
❷moon一輪挿し1980円

屋台会館周辺

やまだしゅんけいてん
山田春慶店

昭和46年（1971）に創業。伝統を
守りつつも、現代のセンスをプラス
したアイテムが人気を集めている。
手塗りで仕上げた春慶は、透明感
があり、木目が際立ち美しい。

☎0577-32-0396 住高山市大新町
1-111 🕙9時〜16時30分（夏期 は〜17時、
1〜3月は〜16時 不定休 交JR高山駅
から徒歩15分 Pなし MAP P78C2

約400年の歴史をも
つ伝統工芸品

天然木と手塗りの春慶にこだわる

これもほしい
職人による一点ものの
アクセサリー。同じシリーズ
で色違いやピアスも販売

❶布張小箱（大）7450円はアクセサリー入れなどに ❷コーヒーカップ紅 1万5000円

微妙にいびつな形が人々を魅了し続ける

❶

❸

❶シュガーポット8400円
❷青コップ3150円
❸ぐい呑み3675円
すべて安土忠久氏作

これもほしい

カラフルな色合いのラムコサージュ(左)900円、(上・右)950円

（あづちただひさ）
安土忠久さん
高山市内に工房を構える手吹きガラス作家。世界的にも評価が高い

古い町並
（あきつや）
蜻蛉舎

和雑貨店「青（☞P32）」の姉妹店。国内外から集めた手工芸品や雑貨の数々は、女性の暮らしを彩るセンスにあふれる。高山が誇るガラス作家・安土忠久氏の作品を販売する貴重な店でもある。

☎0577-34-5053 🏠高山市上一之町53-2
🕙10時30分〜16時 🈺不定休 🚃JR高山駅から徒歩15分 🅿1台 **MAP**P81E2／付録表F2

華やかな店内。店は国道158号沿い

❷

column
高山の人気マスコット さるぼぼをおみやげに

「さるぼぼ」とは、飛騨弁で「猿の赤ちゃん」のこと。冬は雪深く、外で遊べない子どもたちのために、おばあちゃんが手作りした人形が始まり。今では、災いが去る(猿)、良縁(猿)、円(猿)満のお守りとして大切にされている。
定番から変わり種まで種類豊富なさるぼぼは、町のあちらこちらで販売される高山みやげの代表選手。また、ひだっちさるぼぼSHOPでは、手作り体験ができ、自分だけのさるぼぼを作って、思い出と一緒に持ち帰るのもおすすめ。

1800円〜 所要時間：20〜30分
DATA☎0577-34-2558 🏠高山市上一之町53-6
🕙10時30分〜16時30分(体験は15時30分まで※当日受付のみ) 🈺不定休 🚃JR高山駅から徒歩10分 🅿なし **MAP**P81E2／付録表E3

市内各所でみかけるさまざまなさるぼぼ。写真は飛騨高山宮川朝市

 高山のガラス作家・安土忠久氏が作るグラスは「へちかんだグラス(飛騨弁で「ゆがんだグラス」の意)」と呼ばれ、親しまれています。

もらってうれしい
高山おもたせ絶品スイーツ

飛騨の素材で作ったプリンや老舗のまんじゅう、素朴な駄菓子など、
友人や同僚への手みやげにぴったりの、高山らしいスイーツを紹介します。

口の中でとろけるような
独特の食感のわらび餅

和ロール
1本1750円、ハーフ900円、
1カット310円
抹茶や栗、黒糖などの和
素材や旬のフルーツを使
用。内容は季節替わり（抹
茶ロールは通年）

和菓子職人が手がけた
創作ロールケーキ

さわらび
早蕨 1パック550円
ほどよい弾力で、つるっとし
たのど越しがやみつきにな
る。きなこや黒蜜も自家製

雪国プリン（左）430円
銀箔入りのラムネ味のジュレと白い
プリンを重ねて高山の冬の朝を表現
高山プリン（中央）400円
上質素材を駆使し、味わいと
なめらかさを追求
大雪プリン（右）400円
卵黄の違いによって白い色に
仕上げている

濃厚でクリーミーな味わい
口に入れると溶けていく

季節のロールケーキが並ぶ
`古い町並`
さいか ななくさ
彩菓 なな草 ①

創業約100年の和菓子店「稲豊
園」の支店。季節の和菓子や、旬
の素材を使った和風ロールケーキ
が並ぶ。ふわふわ＆しっとり生地
のロールケーキは地元でも人気。
☎0577-36-7793 住高山市上二之町
64 ⏰9〜16時 休火・水曜 交JR高山
駅から徒歩10分 Pなし MAPP81E2
／付録表E3

高山唯一のわらび餅専門店
`古い町並`
いわき
いわき ②

創業以来、秘伝の製法で作るわら
び餅「早蕨」一筋の店。春はさくら
吹雪、初夏はブルーベリー、夏は
煎茶、秋は飛騨りんご、冬はあずき
と、季節限定の味も登場する。
☎0577-34-1113 住高山市上三之町
111-2 ⏰9時〜15時30分（売り切れ次
第閉店）休不定休 交JR高山駅から徒歩
10分 Pなし MAPP81D4／付録表E5

選り抜き素材で作る高山の新たなみやげ
`古い町並周辺`
たかやまぷりんてい
高山プリン亭 ③

2019年のオープン以来、人気急上昇のプリ
ン専門店。バニラビーンズ、乳脂肪分45％
の上質生クリームなど素材や製法を究めた
プリンは、抹茶、コーヒーなどバリエーション
も多彩。
☎0577-70-8490 住高山市上三之町95 ⏰10〜
16時 休不定休 交JR高山駅から徒歩11分 Pなし
MAPP81E3／付録表E4

できたての生菓子を いただきましょう

「笹や休庵(ささやきゅうあん)」には喫茶も併設。生菓子と抹茶(温または冷)のセット650円やくず切750円など、手作りの甘味が味わえます。四季折々に美しい中庭を眺めながら、ホッとひと息つきましょう。

可愛い猫の表情に
癒やされるまんじゅう

〔四〕

それぞれに餡も異なる5つのまんじゅうを食べ比べ

〔五〕

五色饅頭
10個入り1340円
ヨモギ、シソ、ソバ、味噌、焼栗の5種類が一箱に。中に詰まった餡もつぶ餡や白餡などさまざま

四季の風物がテーマの
色とりどりの和菓子

〔六〕

生菓子 1個162円～
春はウグイス、夏はアジサイや蛍など四季の風物がモチーフ。常時約20種類揃う

招福・猫子まんじゅう
各240円
5種の猫は生地も中の餡も異なる。個々の顔の違いも手作りならでは

老舗のアイデアまんじゅう
`古い町並`
わがしどころ とうほうえん
和菓子処 稲豊園 〔四〕

創業100余年、飛騨の和菓子文化の担い手として素材を吟味し、秋期間限定の栗菓子などを製造。一方、招福・猫子まんじゅうのようなヒット商品も作り出している。

☎0577-32-1008 🏠高山市朝日町2 🕒9～18時 休火曜 交JR高山駅から徒歩10分 Pなし MAPP81D2/付録表B3

江戸時代から続く名店
`古い町並`
とらやせいこうえん
とらや清香園 〔五〕

創業は天保元年(1830)という老舗で、地元の人からも愛されている。ヨモギの風味豊かな草饅頭は1個120円。まんじゅうの皮には山芋を練り込んでいて、モチモチの食感。

☎0577-32-0050 🏠高山市上二之町75 🕒8時30分～17時 休不定休 交JR高山駅から徒歩10分 Pなし MAPP81E3/付録表E4

手作りの和菓子がズラリ
`古い町並`
ささやきゅうあん
笹や休庵 〔六〕

ショーケースには、職人歴70年の店主が作った和菓子が並ぶ。生菓子のほか、干菓子1個86円～も常時約40種類と豊富。繊細な美しさで、目でも楽しませてくれる。

☎0577-34-0739 🏠高山市下一之町65-1 🕒10～17時 休月曜(祝日の場合は営業)、第3日曜 交JR高山駅から徒歩12分 Pなし MAPP81E2/付録表E1

📖 「いわき」の早蕨は、全国のファンからのお取り寄せ注文も多い逸品です。電話またはFAXで注文も可。

懐かしの名物からご飯のおともまで
高山ご当地味みやげ

地元の素材を使った食品や調味料、お菓子など高山のみやげは充実度◎
持ち帰って家でもその美味を満喫しよう！

絶品おかず

飛騨高山には絶品ご飯のおともがたくさんあります。今回はこれぞ絶品と多くの人がうなる逸品をピックアップ！

あげづけ
5枚入り 214円

秘伝のタレで仕上げたおあげ。表面がパリッとするまで炙るといっそうおいしい ❷

飛騨牛使用ビーフカレー
レトルトタイプ
648円

飛騨牛のうま味が溶け込んだカレーのレトルトバージョン ❶

飛騨牛使用ビーフカレー
1080円

ビーフブイヨンも飛騨牛からとる徹底ぶり。まかない料理から生まれたヒット商品 ❶

ご飯にかける
飛騨牛ハンバ具ー
756円

飛騨牛ハンバーグが、さまざまな料理に使える手軽な惣菜 ❶

飛騨牛使用
ビーフシチュー
1080円

肉厚な飛騨牛と淡路島産のタマネギを使用。ほのかな酸味漂うデミグラスソース仕立て ❶

こもとうふ 320円

できたての豆腐を巻き簾で巻き、味をつける。弾力のある食感が特徴 ❷

本町通り周辺
きっちんひだ
❶ キッチン飛騨

老舗飛騨牛専門店ならではの商品を販売。ギフトとしてもおすすめだ。

☎0577-36-2911 🏠高山市本町1-66 🕐11時30分～15時30分、17時～20時30分 🈺水曜 🚉JR高山駅から徒歩10分 🅿10台 MAP P81D3／付録表C5

本町通り周辺
じんやとうふ ふるかわや
❷ 陣屋とうふ 古川屋

昔ながらの製造方法を守り続ける豆腐店。店頭に並ぶ商品には飛騨地方独特のものが多い。

☎0577-34-0498 🏠高山市本町1-32 🕐9～16時 🈺火曜 🚉JR高山駅から徒歩7分 🅿なし MAP P81D3

古い町並
はらだしゅぞうじょう
❸ 原田酒造場

安政2年（1855）創業。主に良質な飛騨産米と飛騨の水を使い、伝統的な冬季寒仕込みで淡麗な飲み口と米の芳醇なうま味を醸し出す。

☎0577-32-0120 🏠高山市上一之町10 🕐8時30分～18時（11～3月は～17時）🈺無休 🚉JR高山駅から徒歩10分 🅿なし MAP P81D3／付録表D4

高山の郷土料理朴葉味噌を家でも味わうことができるおみやげ！

高山の多くの人に愛される郷土料理朴葉味噌を購入できます。「ファミリーストアさとう 国分寺店」では、高山に根付いた商品を多く取り揃えています。

☎0577-62-8310 MAP P81D2

純米吟醸 花酵母造 山車 あべりあ
720ml 1815円
リンゴのように華やかな香りとスパッとさわやかな風味 ❸

金印上撰 山車 辛くち
720ml 1080円
辛みとコクのバランスがとれた飛騨の辛口地酒の定番 ❸

÷
日本酒
水と米に恵まれた飛騨高山で蔵元が丹精込めて作った至極の日本酒。ぜひ一度味わってみては！

大吟醸 四ッ星
720ml 5680円
華やかな香りと洗練されたのど越しの最高峰の酒 ❹

雪だるま徳利 上撰深山菊
300ml 1880円
甘辛中庸で芳醇な酒質の大衆的な味わい ❹

ドレッシング（左）
120ml 各530円
ジャム（下）
100ml 各540円
飛騨らしい食材の変わり種ドレッシングとフルーティなジャム。(ドレッシング写真左:飛騨ネギ、右:赤カブ、ジャム写真左:飛騨りんご、右:ラ・フランス) ❺

÷
調味料
自然に恵まれた土地だからこそ作られるおいしい調味料。食材を生かす名脇役がずらりとラインナップ！

すみれ濃口
500ml 345円
職人の手でじっくり蒸し上げた大豆で造る。飛騨醤油の特徴でもある少し甘めの味 ❻

こうじ味噌
500g 486円
厳選した丸大豆と米こうじを使い、1年以上かけて熟成した味噌。飽きのこないおいしさ ❻

古い町並
ふなさかしゅぞうてん
❹ 舩坂酒造店

200年以上の歴史を有し、高品質の酒は、さまざまな鑑評会の受賞歴を誇る。敷地内にはセルフ試飲の日本酒コインサーバー、みやげ店を設置。

☎0577-32-0016 住高山市上三之町105 ⏰8時30分〜20時(冬期は変更あり) 休不定休 交JR高山駅から徒歩11分 Pなし MAP P81D3

古い町並
ひだこまち
❺ 飛騨小町

ドレッシングやジャム、変わり塩540円など地元の加工品が並ぶ。店頭では飛騨牛ミンチカツ300円も販売。

☎0577-32-0318 住高山市上三之町47 ⏰9時30分〜17時(冬期は変更あり) 休不定休 交JR高山駅から徒歩10分 Pなし MAP P81D2/付録表D3

古い町並
じょうぞうもと かくいち
❻ 醸造元 角一

明治23年（1890）の創業当時から木桶でじっくり熟成発酵させる製造方法を守り続けている。

☎0577-32-0122 住高山市上一之町90 ⏰9〜17時 休無休 交JR高山駅から徒歩13分 P2台 MAP P81E3

使うほどに味わい深くなる
お気に入りの椅子さがし

"飛騨の匠"とよばれる木工職人の技術が今も受け継がれている飛騨家具。
家具作りが盛んなこの地で、一生モノの椅子を見つけませんか？

日本の美を誇る高い足跡を後世に引き継ぐ

アームチェア (YD261A) Ⓐ
30万2500円
柳宗理がデザインした通称「ヤナギチェア」。背板から肘木は難易度が高い一本曲木。飛騨産業ならではの高度な技術を生かしたチェア。

身体への優しさと美しさの融合をテーマに研究

アームチェア (KX260AN) Ⓐ
10万8900円〜
産学官共同研究により、腰へのやさしさと快適な座り心地を目指したチェア。肘があることで安楽性に優れ、立ち座りもしやすい。

クレセント(三日月)のような脚の曲線美

アームチェア (SG261A)
9万1300円
Ⓐ
ベストセラーになっている飛騨産業を代表するクレセントチェア。「立ち上がりたくない」椅子とも称される極上の座り心地が特徴。

伝統的な木組みを用いた軽量チェア

Mori：toチェア Ⓑ
7万3700円
適材適所の材料選びと無駄のない構造により、板座でありながらも軽く、心地よい座り心地が魅力

座り心地を追求したダイニングチェアの定番

Swallowチェア Ⓑ
8万2500円
人間工学に基づいた設計と、上品なたたずまいが美しい人気のチェア。ツバメの羽を想わせるゆるやかなラインが特徴

エッジの効いた細部の曲線が美しい

ウィンザーチェア Ⓑ
15万9500円
人の体にぴったりフィットするよう、背もたれや座面の表面が絶妙に削られている

高山随一の老舗家具メーカーの店

高山陣屋周辺

Ⓐ
ひだ たかやまてん
もりとくらしのへんしゅうしつ
HIDA 高山店
森と暮らしの編集室

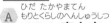

店内は、コンセプトごとにコーナーが分かれる

飛騨家具の老舗メーカー「飛騨産業」が営む複合ショップ。大正9年(1920)に曲木の椅子を製作し始めて以来、100年以上の歴史を誇る。

☎0577-36-1110 🏠高山市名田町1-82-1 ⏰10〜18時 休水曜 交JR高山駅から徒歩15分 🅿26台 MAP P79D2

「お椀から建物まで」がモットー

高山郊外

Ⓑ
おーくゔぃれっじ
オークヴィレッジ

家具だけでなく床や梁、柱などもすべて木材

ナラ材を中心にモノの特性に合わせて適材を使用し、小物や家具から建物まで、生活全般に関わる"100年使える"ものづくりにこだわる。貴重な自然を次世代に伝える育林事業にも携わっている。

☎0577-68-2220 🏠高山市清見町牧ヶ洞846 ⏰9時30分〜16時30分 休無休 交JR高山駅から車で20分 🅿10台 MAP 付録裏C4

日本の森の動物たちが
愛らしい積み木に

「オークヴィレッジ」の「森のどうぶつみき」1万3200円は、国産の桜やホオ、栗、樺、ナラなど、色合いや質感の異なる木材を用いた積み木。並べたり、積んだり、ごっこ遊びをしたり。インテリアにも使える積み木です。

日常に取り入れたいナラ材のぬくもり

クラウンチェア (SC3A) C
5万5000円
ナラ材のやさしい風合いと華奢なデザインが心地よい。スタンダードに使える一脚だ

ツートンカラーがオシャレ

シビルチェア (CC71K) C
6万9300円
ウォールナットとナラを使用したツートンの椅子。ナラ材のみのタイプ5万9400円もある

リビングにも合う多用途の赤い椅子

イージーチェア (ELC51A) C
11万9900円
赤い背もたれと座面のカラーバリエーションは豊富に揃う。革15万6200円も選べる

飛騨家具の伝統とモダンさが共存

和蘇アームチェア D
10万8900円
飛騨家具メーカー・シラカワの作品。"100年後も古さを感じさせない"和モダンな意匠

上質なセンス漂うチョコ色の椅子

CHOCOLATチェア D
5万7200円
完全受注生産で、木質や生地を選ぶことができる、世代を超えて人気の高い椅子

クルミ材を使用した品のあるたたずまい

匠工房 胡桃材アームチェア D
6万1600円
温かみのある木目の風合いと品のあるたたずまいは、国産クルミ材ならではのもの

日常になじむ無垢の質感が美しい

飛騨の里周辺

C 柏木工
高山ショールーム
かしわもっこう たかやましょーるーむ

現代の生活スタイルに合わせた家具を提案する「柏木工」。家具に用いる木材は、木目が美しいナラとウォールナットが中心。使うごとに味わいが増す、飛騨家具の利点を引き出す。

330坪もの広さを誇るショールーム
☎0577-32-7288 住高山市上岡本町1-260 ◯9時30分～17時30分 休無休 交JR高山駅から車で10分 P20台 MAP P79D4

飛騨の木工品が一堂に集まる

古い町並

D 匠館
たくみかん

3階建ての建物で、1階は飛騨のみやげとカフェ、2階が一枚板・飛騨家具展示・販売、3階は家具アウトレットコーナーや食事処もあり、ショッピングとともにグルメも楽しめる「街の駅」となっている。

それぞれ趣の異なる各フロアを巡ろう
☎0577-36-2511 住高山市下三之町1-22 ◯9～17時 休火曜（一部変更あり）交JR高山駅から徒歩10分 P11台 MAP P81D2／付録表D2

📖 上記4施設は、それぞれカフェを併設。店内の家具は自社製品を使っているため、椅子などの使い心地を体験できます。

家具職人さんに聞きました。
飛騨家具ができるまで

**古来、豊富な木材に恵まれてきた飛騨の地で、今も息づく匠の技術。
伝統に裏打ちされた、飛騨家具作りのプロセスをご紹介します。**

木目を生かした
デザインが
魅力です

教えてくれたのは……

**家具工房 雉子舎の
おと わ とし ゆき
音羽俊幸さん**

有限会社雉子舎の代表取締役。木
工職人として平成2年（1990）に高
山郊外の森に小屋を建て、一人か
ら家具工房をスタート

Q 飛騨家具の特徴って？

A 京都や奈良の寺院建築に関わった飛騨の匠の技
に、西洋から伝わった曲げ木技術が加わって誕生。曲
げ木技術とは、一本の木を蒸してから曲げるという技
巧で、分厚い木材を曲げるには高度な技術が必要とさ
れる。特に、椅子やテーブルといった"脚もの"が良質
といわれており、全国的にも人気が高い。木目の風合いを
生かした飽きのこないデザインなので、長く使えるのも
魅力の一つだ。

このように作られています

1 木材を選ぶ

材料市で上質な広葉樹の原
木を購入し、基本となる木材
作りをスタート。加工後の反
りやねじれを防ぐため、十分
に乾燥させた木材のなかか
ら、製品に合うものを選ぶ。
テーブルの場合、天板や脚と
なる木材を見立てる。

▲ 工房倉庫内に積まれた木材
▶ 大木が並ぶ材料市の様子

▶工房内には電
動ノコギリの音
が常に鳴り響く

2 木材をカット

1で選んだ材料をカットする。こ
の段階では正確な寸法どおり
ではなく、だいたいの大きさに
粗く切り、長さや幅を決めてい
く。曲げ木を行う場合は、切る
前に木材を蒸して曲げておく。

▼ 大きなテーブルの天板などは、切
るのもひと苦労だ

ここで作りました！

▶高山郊外の森
の中に立つ工房

かぐこうぼう きじや
家具工房 雉子舎

木のもつ個性を生かす職人工房

素材の良さをいちばんに感じる、無垢材で
の家具作りにこだわる「飛騨の家具®」の
工房。オーダーでの対応も可能。高山の中
心街には直営店舗「雉子舎Gallery」（☎
0577-34-5674 交JR高山駅から徒歩
10分 ⏰10〜18時 休火・水曜、ほか不定休
Pなし MAPP81D2／付録表C3）もある。

☎0577-78-4030 住
高山市丹生川町大萱
1430-2 ⏰9〜17時 休
第2・4土曜、日曜、祝日 交
JR高山駅から車で20分
P3台 MAP付録裏D4
※工房内の見学は要予約

▲部品を埋め込み強度を増すチギリ加工。繊細な作業だ

4 磨き、加工する

ここからは手加工場での作業。3でできあがった家具のパーツの表面や断面を磨く。カンナがけや強度を増すためのチギリ加工など、職人による手作業のすべてがここで行われ、最終段階へ移る。

◀カンナがけの様子

凸型のほぞは"オス"ほぞ穴は"メス"とよびます

▲ほぞ穴をあける機械。精密さが要求され失敗は許されない

3 本寸法で切り、ほぞ・ほぞ穴を作る

木材を本寸法（設計図どおりの寸法）にカット。できあがった材料は、組み立て時に必要なほぞ・ほぞ穴などが作られ、徐々に家具のパーツらしくなっていく。ここまでは機械場とよばれるエリアの作業。

▲できあがったほぞ・ほぞ穴の一例

5 塗料を塗る

最終段階。家具のパーツを手加工場から塗装場へと移し、塗料を塗る。今回おじゃました「家具工房 雑子舎」の場合は、環境への配慮からほとんどがオイル塗装。何度も塗り重ね、任意の風合いやツヤを出す。

▲磨いて絶妙な色合いやツヤ感を出す

▲塗装ももちろん職人さんによる手塗り

6 完成！

乾いたパーツを組み立てて完成。写真は二本脚のブックマッチテーブル。サイズや材種により価格は異なる。

同じ木目・風合いは二つとない、世界で一つだけの家具

― こちらの店でもオーダーメイドできます！ ―

きたに
キタニ

北欧名作家具のライセンス生産も手がける、手作り家具工房。
☎0577-32-3546 ⑮高山市松倉町2115 ⏰10〜18時 ⑯無休（工房は日曜、祝日。土曜不定休）🚃JR高山駅から車で15分 🅿15台 MAP P79F4 ※ガラス越しに工房見学が可能（予約不要）

おーくゔぃれっじ
オークヴィレッジ
☞P58参照

たくみかん
匠館 ☞P59参照

時代絵巻さながらの美しさ 町全体が華やぐ春の高山祭

春の訪れを告げる山王祭は、上町地区を中心に行われる例祭です。
桜の開花時期と重なるとさらに素晴らしく、雅な雰囲気に包まれます。

▼屋台が中橋を渡るのは、9時ごろと16時ごろ

12台の屋台が町を彩り 高山に春の訪れを告げる

高山祭って？

春の山王祭と秋の八幡祭の総称で、約300年以上の歴史を誇る。春は12台、秋は11台の豪華絢爛な屋台が登場。祭行列は「御巡幸」「御神幸」、夜の祭は「夜祭」「宵祭」と、春秋で呼び名が異なる行事もある。平成28年（2016）12月1日に「高山祭の屋台行事」がユネスコ無形文化遺産に登録された。

1 「動く陽明門」と称される屋台を間近で見学できる 2 屋台に施された力強い彫刻にも注目を

開催時期 4月14・15日

さんのうまつり（はるのたかやままつり）
山王祭（春の高山祭）

旧高山城下町南半分の氏神様である日枝神社の例祭。祭り区域内にある各屋台蔵から全12台の屋台が曳き出される。豪華な屋台が道幅ギリギリに町中を通り抜ける様子は迫力満点！また、華麗な屋台が赤色の中橋を渡る光景も見事だ。3台の屋台によるからくり奉納（両日とも1日2回開催）や、初日の夜に行われる夜祭も見逃せない。

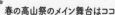
春の高山祭のメイン舞台はココ

城山に位置する「日枝神社」は、高山城築城の際に守護神を祀った由緒ある神社。祭り当日は厳かに神事が執り行われます。
☎0577-32-0520 **MAP** P79E1

やたいひきそろえ
屋台曳き揃え

屋台蔵から曳き出された屋台が所定の場所に並ぶ。神楽台、三番叟、石橋台、龍神台はお旅所前広場に、そのほかは神明町通りなどに登場。

▲屋台を間近で見られるチャンス！

ごじゅんこう
御巡幸

伝統装束を身にまとった総勢数百名の氏子が町を歩く。14日の午後に日枝神社を出発し、お旅所で1泊。15日の午後に日枝神社に戻る。

▲神輿を中心に練り歩く

▲屋台囃子を奏でつつ進む

よまつり
夜祭

初日の夜のみ開催。それぞれ約100個もの提灯を灯した12台の屋台が町を巡り、昼間とは異なる幻想的な雰囲気に包まれる。

こんな行事があります

🕐 タイムスケジュール ※開催年により変更になる場合があります

14日

時間	行事
9時30分～16時ごろ	屋台曳き揃え
13～16時ごろ	御巡幸
11時～11時50分ごろ	からくり奉納
14時30分～16時20分ごろ	からくり奉納
18時30分～21時ごろ	夜祭

15日
時間	行事
9時30分～16時ごろ	屋台曳き揃え
12時30分～16時ごろ	御巡幸
10時～10時50分ごろ	からくり奉納
14時～14時50分ごろ	からくり奉納

からくりほうのう
からくり奉納

囃子に合わせて熟練の綱方が人形を操る。三番叟、石橋台、龍神台の3台の屋台が演技を披露。演技時間は全体で約50分。

▶箱に顔を近づける

▲翁に変身

さんばそう
三番叟

能や歌舞伎でおなじみの演目「三番叟」に合わせて、扇子と鈴を持った童子が演舞する。

▲童子が曲に合わせて演舞

りゅうじんたい
龍神台

龍神人形の登場シーンは一瞬の出来事。紙吹雪を散らしながら乱舞する荒々しい演技で人気。

▶壺の中から龍神人形が登場

▲唐子が壺を運んでくる

しゃっきょうたい
石橋台

石橋台の由来にもなっている石橋人形が、唄『英執着獅子』に合わせて演舞する。

▲扇笠姿の美女が舞う
▶打ち掛けがめくれて
▲中から獅子が登場
▲再び美女の姿に戻る

📖 パンフレットは、観光案内所や宿泊施設などで手に入ります。祭り当日は高山祭案内本部も設置されます。

11台の華麗な屋台が登場！
実りの秋に感謝する秋の高山祭

高山市郊外の木々が紅く色づき始めたころに行われる、秋の高山祭。
10台の屋台が一列に曳き揃えられる光景は圧巻です。

絢爛豪華な祭屋台が
表参道に一堂に集まる

▲櫻山八幡宮の表参道は多くの人で賑わう

1 提灯を灯した屋台が闇夜を照らす、宵祭 2 金の鳳凰飾りの大太鼓が特徴的な神楽台 3 屋台組ごとに紋が異なる献灯提灯

開催時期 10月9・10日

はちまんまつり（あきのたかやままつり）

八幡祭（秋の高山祭）

旧高山城下町北半分の氏神様である櫻山八幡宮の例祭。全部で11台の屋台が登場し、そのうち10台が表参道に一列に並ぶ光景に圧倒される。初日に行われる屋台曳き廻しは秋祭ならではのみどころ。4台の屋台が目の前をゆっくりと通り過ぎていく姿は迫力満点だ。高山祭の目玉であるからくり奉納は、布袋台が演技を披露する。

秋の高山祭のメイン舞台はココ

創建は1600年前と伝わる古社「櫻山八幡宮」は、長年地元の人に親しまれてきました。祭り当日は、境内でからくり奉納が披露されます。

☎0577-32-0240 **MAP**P78C1

▶布袋様と2人の唐子が登場

▶唐子が綾とよばれるブランコを飛び渡る

からくり奉納
（からくりほうのう）

秋祭唯一のからくり奉納は、天明年間（1781〜1789）にはからくりが行われていたという布袋台のもの。演技時間は約20分。櫻山八幡宮の境内で開催。

布袋台
（ほていたい）

9人の綾方が巧みに操るからくりが圧巻。唐子が布袋様に飛び移ったり、布袋様が軍配を振ると幟が出てくる演出など、みどころ満載。

▲2人の唐子が布袋様の肩に乗る

こんな行事があります

🕐 タイムスケジュール ※開催年により変更になる場合があります

9日

- 9〜16時ごろ 🎏 屋台曳き揃え
- 13時30分〜16時ごろ 🎏 屋台曳き廻し
- 13〜15時ごろ 🎏 御神幸
- 12時〜12時20分ごろ 🎏 からくり奉納
- 14時〜14時20分ごろ 🎏 からくり奉納
- 18〜21時ごろ 🎏 宵祭

10日

- 9〜16時ごろ 🎏 屋台曳き揃え
- 8時30分〜11時30分ごろ 🎏 御神幸
- 13時30分〜16時ごろ 🎏 御神幸
- 11時〜11時20分ごろ 🎏 からくり奉納
- 13時〜13時20分ごろ 🎏 からくり奉納

屋台曳き揃え
（やたいひきそろえ）

からくり奉納を行う布袋台は櫻山八幡宮の境内に、そのほかの10台は表参道に集結。

▲9時の開始時刻に合わせて屋台が集まる

屋台曳き廻し
（やたいひきまわし）

日中の屋台曳行は、秋祭のみのお楽しみ。神楽台と鳳凰台に加え、毎年変わる2台、計4台が町を巡る。

▶戻し車を使い、方向転換をしながら進む

御神幸
（ごしんこう）

9・10日ともに櫻山八幡宮を出発。お囃子や雅楽の音色が響くなか、数百人の氏子が町を練り歩く。

▼春祭は「御巡幸」、秋祭では「御神幸」とよぶ

▲屋台には約100個の提灯が灯る

宵祭
（よいまつり）

春祭と同様に初日の夜のみの行事。町を一巡した後、「高い山」を歌いながら各屋台蔵へと帰っていく。

📖 宿には1年前から予約が入り、祭り当日は高山市内の宿は満室状態に。できるだけ早めに手配しましょう。

高山 ● 11台の華麗な屋台が登場！ 秋の高山祭

豪華絢爛な高山祭の屋台は
飛騨の匠の技の結晶です

華麗な姿から"動く陽明門"と称される高山祭の屋台。
国の重要有形民俗文化財にも指定されている屋台の魅力をご紹介します。

匠が技を競い合い、華麗な屋台が誕生

高山祭が日本三大美祭に数えられるのは、華麗な屋台があるのも理由の一つ。記録によると、屋台の誕生は飛騨の国が天領となってからの享保3年（1718）ごろ。江戸時代後期に、江戸風の屋台、上方風のからくり人形と、東西の文化をミックスして高山独特の形が定着した。均衡のとれた優雅な外形が特徴で、彫刻や金具、織物、絵画、人形など細部まで美しい。これだけの屋台を完成で

きたのは、大工や塗師、彫刻師の技量と旦那衆の経済力があったからこそ。町人は組ごとに屋台を造り、祭りのたびに美しさと心意気を競い合った。昭和35年（1960）、全23台の屋台が国の重要有形民俗資料（現在の重要有形民俗文化財）に指定されている。

"動く陽明門"と称される屋台のヒミツに迫る！

18世紀前半に
取り入れられたからくり人形

享保期から天明期（1716〜89）にかけて登場し、多くは文化期から文政期（1804〜30）に移入。京都の人形細工師の手によるものと伝えられている。

▲9人の綱方が36本もの綱を巧みに操る布袋台のからくり

屋根は切破風が主流

以前は多くの屋台が唐破風屋根だったというが、現在は仙人台のみ。神楽台には屋根はなく、代わりに大太鼓が備わる。すべての屋台の屋根には屋台組の紋"台紋"が描かれている。

屋台の中段を彩る胴幕

なかには、海外からの伝来物や京都の西陣織りを使用したものも。幕に施された繊細な刺繍に惚れぼれする。

▲山王祭に登場する青龍台の胴幕

❷ どのように操っているの？

屋台正面上段の間から突き出している樋の中に綱を通し、遠隔操作により人形を操る仕組み。まるで生きているかのような、人形の繊細かつ大胆な動きに圧倒される。

きめ細かな彫刻

腕利きの彫刻師が手がけた彫刻は必見。獅子や龍、亀など、どれも迫力満点だ。

▲八幡祭に登場する宝珠台の彫刻

美しい装飾を守るために
考えられた戻し車

車とは車輪のこと。屋台が美しくなるにつれて曳き方が変わり、方向転換をスムーズにするために小さな戻し車が付けられた。

この屋台のココに注目！

色鮮やかな刺繍や力強い彫刻など、屋台ごとに工夫を凝らした装飾をチェックしよう。
ここでは、6つの屋台をピックアップ！

琴高台の胴幕 春
きんこうたい

大きな鯉が荒波の中を泳ぐ様子を刺繍で表現。現在の胴幕は昭和60年（1985）に再現新調

麒麟台の彫刻 春
きりんたい

屋台彫刻の傑作といわれる「唐子群遊彫刻」は、飛騨の名工・谷口与鹿の作

青龍台の屋根 春
せいりゅうたい

入母屋造りの屋根は高山城の天守閣を模したといわれる。棟の前後には金色のシャチが載る

大八台の車輪 秋
だいはちたい

屋台名の由来にもなっている御所車（大八車）。外二輪は直径1.56mと祭屋台最大級

鳩峯車の綴錦 秋
きゅうほうしゃ

屋台の四方を彩り、前面に雲龍、左右に明人遊苑図、見送り幕には中国の人物図が描かれている

豊明台の装飾 秋
ほうめいたい

屋根を飾る金の大鳳凰をはじめ、極彩色の菊花や牡丹彫刻、白彫りの十二支など豪華

屋台を収納する屋台蔵にも匠の技が光ります

屋台を収納する白壁の土蔵が町内に点在。屋台を解体せずに保管できるほどの大きさで、なかでも観音開きの扉に注目。高山の大工や左官などの技を合わせて完成させたもので、間口約5m、奥行き7m、高さ約9mもある。

▶天保3年（1832）の大火災に順次建てられた

一年中、屋台を見学できます

高山祭屋台会館では、八幡祭で曳き出される屋台を常設展示。全11台の屋台を年3回入れ替えて展示している。また、高山祭のビデオも上映し、一年中祭り気分を味わえる。

▶音声ガイドの無料貸し出しがある

屋台会館周辺
たかやままつりやたいかいかん
高山祭屋台会館

☎0577-32-5100 住高山市桜町178 ¥入館1000円（隣接の桜山日光館と共通）時9～17時（12～2月は～16時30分）休無休 交JR高山駅から徒歩20分 P50台（有料）MAP P78C1

山里の風景が広がる飛騨の里で
昔話の世界へタイムスリップ

見学所要
約**1**時間

飛騨の里では、古き良き伝統的な山里の暮らしが再現されています。
国の重要文化財の古民家を中心に、飛騨の原風景を巡りましょう。

▼高山と新潟県の佐渡島にのみ残る車田。実際に稲作を行っている

🍁秋はこんな感じ

◀郷愁という言葉が
ピッタリ合う秋の風景

▲敷地内には水車小屋
もある

ひだのさと
飛騨の里

ゆったりと時が流れる古民家の里

東京ドーム3個分に匹敵する4万坪もの敷
地に、国の重要文化財4棟を含む約30棟
の古民家を移築した、野外集落型博物館。
建物内では、昔の生活道具や日替わりで
伝統工芸の実演などが見られるほか、田
畑では米や漬物用の赤カブなども栽培さ
れ、昔ながらの山里の生活を学べる。昔話
の世界のような非日常を楽しもう。

☎0577-34-4711 🏠高山市上岡本町1-590 💴
入場700円 🕐8時30分～17時（秋冬のライトアッ
プは17時30分～19時30分、料金別途）🈵無休
🚌JR高山駅からさるぼぼバスで9分、飛騨の里下
車すぐ 🅿250台（300円）🗺️P79E4

杣小屋
旧大野家
木挽小屋
松倉山　匠神社
③
旧八月一日家
地蔵堂
旧若山家②
旧田口家
立保神社
旧前田家
くれ小屋
旧道上家
旧田中家
ハサ小屋
旧西岡家
車田
④
旧吉真家
旧中薮家
わらび粉小屋
休憩場所
旧新井家
旧富田家
五阿弥池
バッタリ小屋
工芸集落
管理事務所
出入口
飛騨の里駐車場
飛騨の里🚏

予約なしで
伝統工芸を体験

「飛騨の里」では、わら細工やさしこ細工などの伝統工芸の見学が日替わりでできるうえ、なかには製作体験ができるものもあります。開催日は要問合せで、当日の受付は10〜15時です。

館内の国指定重要文化財の古民家を巡りましょう

① きゅうたなかけ 旧田中家

江戸時代中期に建てられた榑葺き民家。江戸時代の国学者・田中大秀ゆかりの建物で、資産家だった田中家が田畑の管理や年貢の徴収を行う出先機関"田舎"として建てた。

ココに注目
板を張らず、囲炉裏のある土間にムシロを敷いて暮らした土座形式が特徴。

▲土間の床に天然の貯蔵庫「ムロ」がある

◀屋根の勾配はゆるやか

② きゅうわかやまけ 旧若山家

豪雪地帯の旧荘川村北部から移築された茅葺き民家。雪下ろしの負担軽減のために屋根は急勾配に造られている。1階は住居スペース、2〜4階は蚕の飼育場として利用していた。

▲風や雪に強い傾斜60度の屋根

ココに注目
釘を1本も使わない骨組みに注目。梁や柱はネソとよばれる縄で縛られている。

③ きゅうたぐちけ 旧田口家

飛騨地方南部に位置する下呂市金山町から移築。代々庄屋を務め、村の中心的存在だった田口家が生活していた榑葺き民家で、広々とした板間を備える。

ココに注目
3つの囲炉裏が特徴。田口家の家族専用、使用人用、村人の寄り合い用に分かれている。

◀名士の家の証しであった郵便ポストがある

④ きゅうよしざねけ 旧吉真家

岐阜と富山の県境にあった茅葺き民家。太い柱や梁、栗の股木を使用したムカイ柱など頑丈な造りが特徴で、安政5年(1858)の大地震にも耐えた。

ココに注目
股木を利用した二股のムカイ柱は必見。建物の四隅プラス1カ所の合計5カ所にある。

▲入母屋造りの屋根が印象的

 雨の日は無料の貸し出しの傘を利用できます。また、梅雨や雪の季節は長靴の無料貸し出しもあります。

ココにも行きたい

高山のおすすめスポット

城山公園
しろやまこうえん

桜&紅葉の名所の一つ

元禄5年（1692）まで金森氏の居城だった高山城址に造られた公園。園内では、江戸時代の面影を残す堀や石垣などの遺構や高山城城主・金森長近の像などが見られる。標高687mの見晴らしのよい丘にあり、桜や紅葉のスポットとしても親しまれている。**DATA**☎0577-32-3333（高山市観光課）**住**高山市城山町 **¥⊙休**散策自由 **交**JR高山駅から徒歩20分 **P**20台 **MAP**P81F4

中橋
なかばし

赤色に輝く高山のシンボル

宮川に架かる赤色の橋で、長さ約35.4m。春の高山祭で屋台がこの橋を渡る姿を写した観光写真などでおなじみの名所。橋の周辺には桜や柳の木が立ち並び、四季ごとに移り変わる風情を楽しめる。桜の見頃は4月中旬〜下旬ご。**DATA**☎0577-32-3333（高山市観光課）**住**高山市本町1と上三之町を結ぶ **¥⊙休**散策自由 **交**JR高山駅から徒歩10分 **P**なし **MAP**P81D4／付録表D6

飛騨高山まちの博物館
ひだたかやままちのはくぶつかん

高山の歴史と文化がてんこ盛り

江戸時代の豪商の蔵を利用した博物館。高山の町の歴史や町家建築の特徴、飛騨の匠の歴史などが学べる。伝統的工芸品として有名な飛騨春慶や一位一刀彫、高山祭からくり人形など、展示品も満載だ。**DATA**☎0577-32-1205 **住**高山市上一之町75 **¥**入館無料 **⊙**7〜21時（展示室は9〜19時）**休**無休（臨時休館あり）**交**JR高山駅から徒歩15分 **P**なし **MAP**P81E3／付録表F3

飛騨高山テディベア エコビレッジ
ひだたかやまてでぃべあえこびれっじ

世界中のテディベアが勢揃い

築約200年の合掌造りの趣ある建物に1000体ものテディベアを展示。なかには約100年前に作られた貴重なアンティークベアもある。カフェやショップも併設。**DATA**☎0577-37-2525 **住**高山市西之一色町3-829-4 **¥**入館600円 **⊙**10〜17時（最終入場16時）※変動あり **休**不定休（休館日は要問合せ）**交**JR高山駅から車で10分 **P**30台 **MAP**P79D4

飛騨高山まつりの森
ひだたかやままつりのもり

きらびやかな屋台を鑑賞する

高山祭の象徴、屋台。ここでは、平成の匠の技を集結して150年ぶりに新造された「平成屋台」6台を展示している。一本の木をくりぬいた太鼓としては世界一の大きさを誇る大太鼓も必見。「神楽台」「金時台」など4台の屋台では、からくり上演も行っている。**DATA**☎0577-37-1000 **住**高山市千島町1111 **¥**入館1000円 **⊙**9〜17時 **休**無休 **交**JR高山駅から車で12分 **P**500台 **MAP**P79F3

夢工場飛騨
ゆめこうじょうひだ

自分でせんべいが焼けるスポット

せんべい焼き体験ができる店。7枚のせんべいを焼く、たっぷり体験コースは400円（所要20分）。せんべいは、たまりや塩味、ハート形など、味や形もさまざまに揃っている。上手に焼けると約4倍のサイズにふくらむ。おみやげにも最適。**DATA**☎0577-32-2814 **住**高山市桜町52 **⊙**10〜16時（変動あり）**休**無休（臨時休業あり）**交**JR高山駅から徒歩20分 **P**10台 **MAP**P81E1

飛騨国分寺
ひだこくぶんじ

大イチョウで有名な由緒ある寺院

奈良時代に全国に建立された国分寺の一つで、創建は天平18年（746）ごろと伝わる。本尊の薬師如来坐像は国の重要文化財。飛騨地方唯一の三重塔は江戸時代の建造だ。境内に立つ推定樹齢1200年の大イチョウは、国の天然記念物でもある。**DATA**☎0577-32-1395 **住**高山市総和町1-83 **¥⊙休**境内自由（本堂拝観は300円）**交**JR高山駅から徒歩5分 **P**10台 **MAP**P80C2

飛騨高山思い出体験館
ひだたかやまおもいでたいけんかん

さるぼぼ作りなどが体験できる

民芸・ガラス・エコの3つのコーナーで、さるぼぼ作りやフォトフレームなど10種類以上の手作り体験を予約なしで楽しめる。値段はそれぞれ異なり、さるぼぼ作りなら1個1600円。**DATA**☎0577-34-4711（思い出体験館&飛騨の里）**住**高山市上岡本町1-436 **⊙**10〜16時 **休**木曜 **交**バス停飛騨の里からすぐ **P**飛騨の里駐車場利用 **MAP**P79E4

松喜すし
まつきすし

新鮮な海の幸と飛騨の味覚に酔う

富山や金沢、名古屋などから毎日直送される新鮮な魚介類を楽しめる。約12種類のネタで握る、おまかせ握りは4400円。また飛騨牛のにぎりや飛騨牛ステーキ100g4200円〜なども提供する。職人との会話が楽しいカウンター席で味わって。**DATA**☎0577-34-4766 **住**高山市総和町1-40 **時**11〜14時、17時30分〜22時30分 **休**不定休 **交**JR高山駅から徒歩8分 **P**16台 **MAP**P80C2

蔵食房 龍々
くらしょくぼう りゅうりゅう

グルメグランプリに輝く逸品

飛騨高山グルメグランプリを4年連続受賞したラーメン店。人気はグランプリ受賞の鶏トマ唐揚げ450円と飛騨高山【極・担々麺】ミンチorトマト、高山らーめん（並盛）750円。土蔵を改築した趣ある店内も魅力。**DATA**☎0577-35-2353 **住**高山市上三之町55 **時**10時30分〜16時 **休**不定休 **交**JR高山駅から徒歩10分 **P**なし **MAP**P81D2／付録表D2

原田酒造場
はらだしゅぞうじょう

老舗蔵元による地酒チーズケーキ

江戸時代から続く老舗蔵元の一つで、銘酒「山車」で知られる。地酒以外の人気のみやげに、濃厚なクリームチーズと地酒の風味が調和した山車元祖地酒チーズケーキバー5個入り865円や、地酒ゼリー3個入り1030円がある。**DATA**☎0577-32-0120 **住**高山市上三之町10 **時**8時30分〜18時（11〜3月は〜17時）**休**無休 **交**JR高山駅から徒歩10分 **P**なし **MAP**P81D3／付録表D5

飛騨小町
ひだこまち

飛騨ならではのドレッシング&ジャム

色鮮やかな調味料や菓子が所狭しと並ぶ店。おすすめはトマトや赤カブ、飛騨ネギ、アブラエなどを用いた全7種 各120ml 530円のドレッシングと変わり種のジャム。店頭では、飛騨牛まん480円なども販売している。**DATA**☎0577-32-0318 **住**高山市上三之町47 **時**9時30分〜17時（冬期は変更あり）**休**不定休 **交**JR高山駅から徒歩10分 **P**なし **MAP**P81D2／付録表D3

飛騨地酒蔵本店
ひだじざけぐらほんてん

店内には飛騨の地酒がズラリ

飛騨の地酒専門店。純米大吟醸から和のリキュールまで、飛騨の地酒を幅広く取り揃え、700種類以上の酒が並ぶ。全国発送もOK。世界のコンクールで受賞歴のある地ビール、飛騨高山麦酒500ml 823円などが特に好評だ。**DATA**☎0577-36-8350 **住**高山市上三之町48 **時**8時30分〜17時30分 **休**無休 **交**JR高山駅から徒歩10分 **P**なし **MAP**P81D3／付録表D3

TRAIN BLEU
とらん ぶるー

地元で愛される町のベーカリー

パンのワールドカップで世界3位のシェフが生み出すクロワッサンや季節のフルーツのデニッシュなど約90種のパンが揃う。写真中央はクロワッサン250円、左上はTリュスティック380円。**DATA**☎0577-33-3989 **住**高山市西之一色町1-73-5 **時**9時30分〜18時 **休**火・水曜（変更・不定休あり）**交**JR高山駅から車で7分 **P**20台 **MAP**P79E2

「飛騨地酒蔵本店（ひだじざけぐらほんてん）」では、飛騨の伏流水で作った甘酒500ml 443円も販売しています。しょうがやゆずを入れてもグッドです。

城下町・高山でのお泊まりは
くつろぎの佳宿でゆっくりと

高山でのお泊まりには、和の風情や季節感を大切にしたい。
旅の思い出に花を添える、趣たっぷりの宿でほっこりしましょう。

高山郊外 ゆ

にほんのやど ひだたかやまわのさと

日本の宿
ひだ高山倭乃里

宮川の清流や木々に囲まれた約1万5000坪もの敷地に、客室8室のみを備えた贅沢な宿。館内各所から四季折々の自然美を眺めることができるほか、4棟ある離れの客室ならいっそう特別感を味わえる。

☎0577-53-2321 住高山市一之宮町1682
交JR高山駅から車で20分（送迎あり、要予約）
P10台 室8室（離れ4棟）■1991年11月開業
●露天なし、貸切なし MAP付録裏D5

CHECK
＋1泊2食付料金＋
平日3万6300円～
＋時間＋
⏰IN15時、OUT11時

くつろぎポイント

夕食後の「かっぽ酒」
本館の囲炉裏端で夕食後に振る舞われる青竹の燗酒「かっぽ酒」が◎。

囲炉裏に灯る火を囲み静かな時を過ごす

1 本館ロビーの囲炉裏の間。囲炉裏には一年中火が入れられている **2** 木々に囲まれた本館。このほか敷地内に離れが4棟ある **3** 夕食は季節ごとに食材の持ち味を生かした倭心会席（写真はイメージ）

お泊まり
シミュレーション

玄関
門をくぐり、小道を約50mほど直進すると本館に到着。

チェックイン
本館、囲炉裏のあるロビーの端にあるフロントへ。

まずはお部屋へ
客室は窓が大きいのが特徴。写真は本館2階の「飛騨の間」。

ゆっくりとお風呂
檜風呂と岩風呂があり、朝夕で男女入れ替えとなる。

お楽しみの食事
写真の「天の川」をはじめ、食事は3つある食事処でいただく。

源泉かけ流し ■部屋食 禁煙ルームあり 大浴場あり ひとり宿泊OK インターネット可

高山駅周辺

りょかんあすなろ

旅館あすなろ

越後の豪農屋敷を移築・改築した和風旅館。玄関を入ると、高い天井と剥き出しの梁に圧倒される。囲炉裏のある広々としたロビーをはじめ、全18室の客室中、5室が囲炉裏付きで、心ゆくまでくつろげる。全室禁煙。

☎0577-33-5551 ⅲ高山市初田町2-96-2 ⅻJR高山駅から徒歩5分 Ⓟ15台 ⅷ18室 ●1973年開業 ●露天なし、貸切なし
ⅯⒶⓅP80B2

┌─ CHECK ─┐
✛1泊2食付料金✛
平日1万5400円～
休前日1万6500円～
✛時間✛
🕐IN14時、OUT10時
└────────┘

江戸時代末期の面影を残す古木の風合いに癒やされる

■囲炉裏のあるロビーは古木の香りが漂う ②観光施設からも近い便利な立地 ③夕食の一例。飛騨牛の陶板焼き会席

選べる浴衣
くつろぎポイント
女性は館内で着用する浴衣を、豊富な種類の絵柄から選べる。

高山 ● くつろぎの佳宿

国の有形文化財でもある老舗旅館に泊まる

高山駅周辺

ゆうけいぶんかざいのやど りょかんかみなか

有形文化財の宿
旅館かみなか

明治時代中期に建造された建物として、高山市内の旅館で唯一、国の有形文化財に登録されている。飛騨国分寺（☞P70）にほど近いこの宿で、伝統的な木造建築と美しい日本庭園を眺めながら、和の情緒に浸りたい。

☎0577-32-0451 ⅲ高山市花岡町1-5 ⅻJR高山駅から徒歩3分 Ⓟ6台バイクガレージ4台 ⅷ8室●1958年開業●露天なし、貸切可（要予約）ⅯⒶⓅP80B2

┌─ CHECK ─┐
✛1泊2食付料金✛
平日、休前日ともに
1万4300円～
✛時間✛
🕐IN16時、OUT10時
└────────┘

客室入口の装飾
くつろぎポイント
各客室の入口にある装飾などは、飛騨の匠が手がけた芸術品。

■2階角部屋「竹の間」から庭園を望む ②春はツツジ、秋はモミジなど四季折々の表情を見せる庭園 ③2012年に文化財に登録

📖「日本の宿 ひだ高山倭乃里」では、宿に到着してすぐ、大福や桜もちなど季節替わりのもてなしがあります。

73

飛騨の食材を使用した 料理自慢の宿

飛騨牛や旬の食材を満喫できる魅力あふれる宿を厳選。
地元食材にこだわった料理を堪能しましょう。

高山郊外

ひだてい はなおうぎ
飛騨亭 花扇

神代ケヤキや神代杉、吉野杉など貴重
な天然木をふんだんに使用した館内
は、ただ過ごすだけでリラックスできる
と評判。高山の温泉旅館のなかでもレ
アな自家源泉をもち、とろみのある美容
液のような温泉も存分に楽しみたい。
☎0577-36-2000 🏠高山市本母町411-1
🚃JR高山駅から車で7分 🅿50台 🛏48室
●1992年開業 ●露天あり、貸切あり
MAP P78A2

＊ココも魅力的＊

広いロビー
水のせせらぎを聞き
ながら、ロビーの中
にある囲炉裏にてウ
ェルカムドリンクを
味わえる。

多彩な調理法で飛騨牛を存分に楽しむ

＊1泊2食付料金＊
平日2万3100円～
休前日2万9700円～
＊時間＊
IN15時、OUT11時

1 ステーキ、しゃぶしゃぶ、ロー
ストビーフなどを味わえる飛騨
牛尽くし会席 2 露天風呂付
き客室なら、部屋で気兼ねな
く良質な温泉を堪能できる
3 地下1200mから湧出する
自家源泉「神代の湯」

高山陣屋周辺

ほんじんひらのや かちょうあん
本陣平野屋 花兆庵

古い町並や高山陣屋などの観光名所
からすぐの好立地でありながら、「お
部屋に籠る」をコンセプトにした快適
な空間とサービスが好評。町なかに
たたずむ古民家で、蔵に湧く温泉や
エステが楽しめる女性専用施設「りら
っくす蔵」も人気。
☎0577-34-1234 🏠高山市本町1-34
🚃JR高山駅から徒歩7分 🅿50台 🛏26室
●1993年開業 ●露天（男性用）あり、貸切な
し MAP P81D3／付録表C5

＊ココも魅力的＊

りらっくす蔵
蔵を改装した女性
専用の施設。内湯の
ほか、エステ（有料、
予約がベター）も利
用できる。

厳選食材を使用したこだわりの会席料理

＊1泊2食付料金＊
平日2万7500円～
休前日3万800円～
＊時間＊
IN14時、OUT10時

1 宿で過ごすひとときも楽し
みの一つ 2 夕食は月替わりの
会席料理が味わえる 3 和洋室
「麻葉の間」は専用ジャクジー
付き。24時間いつでも楽しめる

高山駅周辺

ひだぎゅうせんもん
りょかんせいりゅう

飛騨牛専門 旅館清龍

飛騨牛専門の料理旅館として、最高級の飛騨牛をさまざまな調理法で楽しめるプランが人気。展望露天風呂や、源泉かけ流しのつぼ湯を楽しめる姉妹館と合わせて、5種類の湯船で天然温泉に浸かることもできる。

☎0577-32-0448 住高山市花川町6 交JR高山駅から徒歩7分 ℗13台 室25室 ●2017年改装 ●露天なし、貸切あり MAP P80C3／付録表A3

料理長がこだわる口どけのよい飛騨牛を味わう

料理自慢の宿

高山

料理自慢の宿

＋1泊2食付料金＋
平日1万5950円〜
休前日1万8150円〜
＋時間＋
IN15時、OUT10時

＊ココも魅力的＊

アルピナ手形
姉妹館のスパホテルアルピナ飛騨高山の風呂も利用できる。

1 最高級の飛騨牛を存分に堪能 2 さまざまなニーズに合わせた客室を用意している

高山駅周辺

ほんじんひらのや べっかん

本陣平野屋 別館

高山の中心地を流れる宮川のほとりにたたずむ宿。赤い橋でおなじみの中橋が目の前にあり、高山らしい風景を宿からも眺められる。飛騨地方で収穫された四季折々の野菜や上質な飛騨牛などを盛り込んだ夕食もお楽しみ。

☎0577-34-1234 住高山市本町1-5 交JR高山駅から徒歩10分 ℗50台 室26室 ●1993年開業 ●露天(男性用)あり、貸切なし MAP P81D3

高山らしさが詰まった地元の美味を部屋で満喫

＋1泊2食付料金＋
平日1万6500円〜
休前日2万2000円〜
＋時間＋
IN15時、OUT10時

＊ココも魅力的＊

おもてなし
一人ひとりに合わせたさりげないおもてなしで誰もが心からくつろげる

1 夕食は部屋で。リラックスした雰囲気で飛騨の美味に舌鼓 2 すべての料理に飛騨牛を使用した飛騨牛づくし

丹生川

おやど したんだ

御宿 四反田

築約180年の民家の風情をそのまま残した宿。太い柱や家具、囲炉裏などから刻まれた歴史が感じられる。大浴場には温泉が注ぎ、のどかな里山景色とともにくつろぎの時間が過ごせる。近代的な造りの別館もある。

☎0577-78-1143 住高山市丹生川町北方1284 交JR高山駅から車で15分(無料送迎あり、要予約) ℗30台 室18室 ●1970年開業 ●露天なし、貸切なし MAP 付録裏D4

里山の景色と郷土料理を堪能する

＋1泊2食付料金＋
平日9350円〜
休前日1万1150円〜
＋時間＋
IN15時30分、
OUT10時

＊ココも魅力的＊

くつろぎ空間
風情ある囲炉裏でくつろごう

1 夕食では飛騨の郷土料理を味わえる

75

便利で快適な
高山のホテル&宿

高山駅周辺や町なかには、
おすすめホテル&宿がいっぱい。
どれも観光拠点に便利です。

古い町並周辺

じゃすほてるたかやま
ジャスホテル高山

心休まる丘の上のプチホテル
高山市街を見下ろす丘の上に立つ、アットホームなプチホテル。開放的な吹き抜けのダイニングでいただくメニューは、洋風・和風から選べる飛騨牛がメインの料理。24時間いつでも入れる大浴場も魅力だ。古い町並まで徒歩3分と観光の拠点にも◎。●DATA☎0577-33-5020 ⏹高山市神明町3-43-1 ¥6600円〜1万2000円 ⏹IN15時、OUT10時 ⏹JR高山駅から徒歩15分 Ⓟ5台 ⏹12室 ●2019年6月改装 ●露天なし、貸切なし MAP P81E4

高山駅周辺

すぱほてるあるぴな ひだたかやま
スパホテルアルピナ
飛騨高山

自家源泉の湯を展望風呂で楽しむ
客室は140cm幅のベッドを備えたシングルルーム、ツイン、ダブルなどの9タイプ。ロビーに設置された情報端末機では、市内の飲食店で使用できる宿泊者限定クーポンが手に入り、コンビニ隣接で便利。全室禁煙。●DATA☎0577-33-0033 ⏹高山市名田町5-41 ¥シングル7600円〜、ツイン1万3600円〜 ⏹IN15時、OUT10時 ⏹JR高山駅から徒歩8分 Ⓟ90台(1泊700円) ⏹119室 ●2009年3月開業 ●露天あり、貸切なし MAP P80C3

高山市街

るーといんぐらんていあひだたかやま
ルートイングランティア飛騨高山

市街を一望する高台のホテル
レストランや大浴場から市街を一望でき、夜には夜景も楽しめる。高山駅から少し離れた閑静な高台に位置するため、静かで落ち着いた時間を過ごすことができる。朝食バイキングもおいしいと評判。●DATA☎0577-32-0100 ⏹高山市千島町1070-1 ¥シングル6300円〜、ツイン1万1700円〜 ⏹IN15時、OUT11時 ⏹JR高山駅から車で10分 ⏹送迎あり(定時運行) Ⓟ103台 ⏹140室 ●2016年4月改装 ●露天なし、貸切なし MAP P79F2

高山駅周辺

ひだほてるぷらざ
ひだホテルプラザ

北アルプスの山々を望む大浴場
眺望のよい天望大浴場と、洗い場が畳敷きの和風大浴場という2カ所の大浴場があり、ゆったりと温泉を満喫できる。客室の一部に飛騨家具を配した部屋があるほか、寝心地のよいシモンズ社のベッドを備えた部屋もある。●DATA☎0577-33-4600 ⏹高山市花岡町2-60 ¥ツイン(2名)1万3350円〜 和室(2名)1万8850円〜 ⏹IN15時OUT11時 ⏹JR高山駅から徒歩5分 Ⓟ100台 ⏹225室 ●2010年4月改装 ●露天あり、貸切なし MAP P80B2

高山駅周辺

おやどことのゆめ
おやど古都の夢

女心をくすぐる和モダンな宿
古い町家をモチーフとし、和モダンの要素を加えたセンスのよい空間が人気を集めている。色浴衣やアロマオイルの無料貸し出しなど、女性向けのもてなしが豊富な点もうれしい。大浴場のほか、貸切風呂40分2200円もある。●DATA☎0577-32-0427 ⏹高山市花里町6-11 ¥1泊朝食付1万2150円〜 ⏹IN15時、OUT10時 ⏹JR高山駅東口から徒歩2分 Ⓟ14台 ⏹23室 ●2002年4月改装 ●露天あり、貸切あり MAP P80B3

高山駅周辺

たかやまぐりーんほてる
高山グリーンホテル

多彩な風呂と絶品料理の数々
天然温泉と日本庭園がある和のリゾートホテル。四季を感じる庭園風呂や檜造りの樽型ジャクジーなどが人気だ。夕食は和会席、フレンチなどさまざまな料理が並ぶブッフェと、中国料理からチョイスできる。飛騨地方の特産品が揃うおみやげ処も併設している。●DATA☎0577-33-5500 ⏹高山市西之一色町2-180 ¥ツイン1万6500円〜 ⏹IN15時、OUT10時 ⏹JR高山駅から徒歩6分 Ⓟ250台 ⏹238室 ●2021年10月改装 ●露天あり MAP P80A4

高山駅周辺

ほたかそう やまのいおり
穂高荘 山の庵

B&Bが売り物の昭和レトロな宿
飛騨国分寺(☞P70)近くに立つ宿。客室は和室のほか、和室にベッドを配した客室もあり、囲炉裏のあるロビーや大浴場とともに、昭和レトロなたたずまい。宿泊のオススメは1泊朝食付のB&Bで、朝食は和・洋からセレクト可。●DATA☎0577-34-2272 ⏹高山市初田町1-58 ¥1泊素泊まり5832円〜、1泊朝食付6912円〜 ⏹IN15時、OUT10時 ⏹JR高山駅から徒歩5分 Ⓟ20台 ⏹23室 ●1993年改装 ●露天なし、貸切なし MAP P80B2

源泉かけ流し ⏹部屋食 エステあり 禁煙ルームあり 大浴場あり ひとり宿泊OK インターネット可

高山駅周辺
ひだたかやまおんせんのやど みんしゅくくわたにや
飛騨高山温泉の宿
民宿桑谷屋

観光に便利な立地と低料金が魅力
JR高山駅から近く、低料金と家庭的な雰囲気が魅力。和室以外にバス・トイレ付きの和洋室もある。宿の周辺で外食を楽しむ、B&Bや素泊まりの滞在スタイルがおすすめ。飛騨高山温泉で旅の疲れを癒そう。 **DATA** ☎0577-32-5021 🏠高山市総和町1-50-30 💴1泊朝食付5430円～、1泊素泊まり4550円～ 🕐IN14時、OUT10時 🚉JR高山駅から徒歩5分 🅿10台 🏠9室 ●大正末期開業 ●露天なし、貸切なし **MAP**P80C2

高山駅周辺
りょかん たなべ
旅館 田邊

老舗旅館で和みのひとときを
創業90年余りの歴史を誇る老舗旅館。飛騨の匠が手がけた内装や家具が目を引く。大浴場の檜風呂と岩風呂には、いずれも露天の壺風呂を備えており、ゆったりと入浴を楽しめる。新館「遊墨庵」には坪庭や専用風呂付きの客室もある。 **DATA** ☎0577-32-0529 🏠高山市相生町58 💴1泊2食付1万6100円～、1泊素泊まり1室1万1700円～ 🕐IN15時、OUT10時 🚉JR高山駅から徒歩7分 🅿18台(事前要予約) 🏠22室 ●2009年4月改装 ●露天あり、貸切なし **MAP**P80C3/付録B3

高山駅周辺
めるきゅーるひだたかやま
メルキュール飛騨高山

最上階の温泉から高山を一望
フランスのホテルチェーンが高山駅近くに開業。木材に飛騨染めと和紙を調和させたスタイリッシュな客室と充実した最上階の温泉浴場のほか館内レストランは1軒。モダンな日本風にフランスのタッチを感じられるホテル。 **DATA** ☎0577-35-2702 🏠高山市花里町4丁目311-1 💴1泊素泊まり1室1万1700円～ 🕐IN15時、OUT11時 🚉JR高山駅から徒歩4分 🅿なし 🏠161室 ●2022年12月開業予定 ●最上階に露天風呂・室内温泉浴場・貸切露天風呂あり **MAP**P80B4/付録表A3

高山駅周辺
ちさん ぐらんど たかやま
チサン グランド 高山

スマートなサービスが心地よい
駅前のロケーションで旅慣れた人やビジネス客にも便利。宿泊に必要なアメニティをロビーで自由に選べるので快適に滞在できる。飛騨高山の食材を使った郷土料理とおいしいごはんで一日をスタートできる朝食もうれしいポイント。 **DATA** ☎0577-37-1011 🏠高山市花里町6-6 💴1泊素泊まり5500円～ 🕐IN15時、OUT11時 🚉JR高山駅から徒歩1分 🅿30台(1泊1000円) 🏠78室 ●2021年11月開業 ●温泉なし、ジャクジー・サウナ施設あり **MAP**P80B3

飛騨の里周辺
おやどゆめのや
OYADO夢の屋

バラが浮かぶ貸切風呂が自慢
飛騨の里(☞P68)や飛騨高山テディベアエコビレッジ(☞P70)からほど近い立地と手頃な値段が魅力。全9室の小さな宿ながら、夕食には飛騨牛の焼肉が登場。24時間無料の貸切風呂は、6～11月の期間、バラ湯となる。 **DATA** ☎0577-36-5511 🏠高山市上岡本町1-319 💴1泊2食付8800円～ 🕐IN15時、OUT10時 🚉JR高山駅から車で5分 🅿11台 🏠9室 ●2006年1月改装 ●露天あり、貸切あり **MAP**P79D4

屋台会館周辺
おやどいぐち
お宿いぐち

宮川沿いで旬の郷土料理を
宮川に架かる不動橋前に立ち、宮川朝市(☞P39)まで徒歩5分という便利さ。錦鯉が泳ぐ庭池の風情と飛騨牛や朴葉味噌などの郷土料理が自慢。全10室の小さい宿ならではの気配りと温かさに、おのずと癒される。 **DATA** ☎0577-34-0345 🏠高山市大新町3-15 💴1泊朝食付6500円～、1泊2食付9000円～ 🕐IN15時、OUT10時 🚉JR高山駅から車で5分 🚗送迎あり(要予約) 🅿10台 🏠10室 ●2004年4月改装 ●露天なし、貸切なし **MAP**P78C2

古い町並周辺
おやどやまきゅう
お宿山久

アンティークの雰囲気が心地よい
明治・大正ロマンを思わせるレトロな宿。東山寺院街にたたずむ外観と蓄音器や豆ランプなどのアンティークが飾られた館内が特徴。旬の地元食材で作る、高山のおふくろの味「飛騨のかかさま料理」も評判だ。 **DATA** ☎0577-32-3756 🏠高山市天性寺町58 💴1泊2食付9900円～ 🕐IN14時30分、OUT10時 🚉JR高山駅から車で5分 🚗送迎あり(要予約) 🅿25台 🏠16室 ●2006年改装 ●露天あり、貸切なし **MAP**P81F3

高山駅周辺
ほてる あらうんど たかやま
hotel around TAKAYAMA

旅人と地域をつなぐホテル
地域の人と同じ目線で旅を推奨、ホテルオリジナルのガイドブックや地元での出会いを重視した情報を提供するホテル。ロビーや客室に飛騨の森で育った木の家具や地元産アートやインテリアがちりばめられている。 **DATA** ☎0577-36-2811 🏠高山市花岡町1-42-7 💴1泊素泊まり8000円～ 🕐IN15時、OUT11時 🚉JR高山駅から徒歩4分 🅿44台(1泊1500円) 🏠152室 ●2021年7月開業 ●男女兼用(運び湯)大浴場と貸切の家族風呂(45分2000円～)あり **MAP**P80B2

📖 飛騨高山旅館ホテル協同組合のHPでは、温泉のある宿や飛騨牛が食べられる宿などの検索&予約ができます。

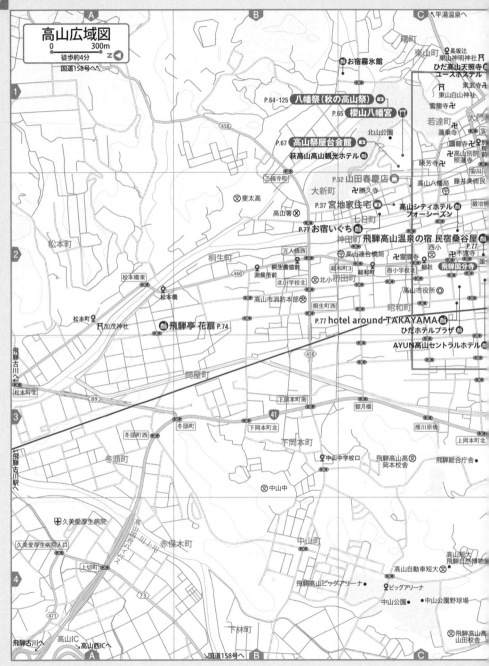

高山広域図

0 — 300m
徒歩約4分

国道158号へ

P80-81

D 国道361号へ E F

鏡山神社
清傳寺
宗献寺
春日町
大隆寺

1

石浦公民館前
石浦速入寺前
石浦町北
下呂・ヘア下呂駅へ

高山城跡
城山公園
城山
照蓮寺
飛騨高山の博物館
高山上一之町局
一之町

山王祭(春の高山祭) P.62・126
日枝神社 P.63

460

石浦町

町並
陣屋橋
正雲寺
上川原町
神明町
山王小
日枝中
高山山王局

本教寺
高山陣屋
飛騨牛専門旅館 清龍
スパホテルアルピナ飛騨高山
西町
ヒラノグラーノ P.47
松本家住宅 P.37
天満神社前
天満宮南
千島町
受楽口
ホテルアルファーワン高山バイパス

2

58
高山郵便局前
日赤北
高山名田局
高山赤十字病院
HIDA 高山店 森と暮らしの編集室 P.58
花里小
白山神社
千島町北
41
飛騨・世界生活文化センター
世界生活文化センター

チサングランド高山
花里町4
花里町
花里八幡神社前
高山本線
高山工高
高山駅南

高山桜庵
花里跨線橋東
TRAIN BLEU P.71
ルートイングランティア飛騨高山 P.76
茶の湯の森
飛騨高山 茶の湯の森
飛騨高山・ちょうの館

高山駅
ホテル呉竹荘
高山駅前
花里跨線橋西
市民文化会館
岡本町1南
西之一色町南
ファミリーロッジ旅籠屋飛騨高山店
P.70 飛騨高山まつりの森

3

上岡本局
上岡本町南
西之一色町
西之一色町北
温泉の宿長五郎
西之一色町
飛騨季節料理 肴 P.49
越後町

合庁倉口
上岡本町
民俗館口
友好の丘
四季倶楽部飛騨高山荘

松倉中
ヒダコレ家具〈HIDA-COLLECTION〉 P.50
キナリ本工所 kinari-ten P.50
松倉中学校西
飛騨高山テディベアエコビレッジ P.70
高山市
念法寺

柏木工前
P.51・59 柏木工
高山ショールーム
ケ丘町
飛騨の里下
kochi P.52
飛騨高山思い出体験館 P.70
飛騨の里
飛騨の里 P.23・68

158
OYADO夢の屋 P.77

4

松倉町
P.61 キタニ

高山緑ケ丘局
D 高山西ICへ E F

八幡町

大新町1

D

柿應院

桜町

左京町

E

三福寺町

曙町

F

1

平湯温泉へ→

吉島家住宅 P.36

夢工場飛騨 P.70

日下部1

やよいそば 角店 P.44

日下部民藝館 P.37

日下部民藝館口 P.42 京や

卍称讃寺

東山白山神社

雲龍寺

久昌寺

茶房卯さぎ P.31

本町4

卍高山別院照蓮寺

蓮乗寺

秋葉神社

豊川稲荷尊栄鏡館

大雄寺

鉄砲町

若達町2

若達町1

愛宕町

レストラン ブルボン P.41

秋葉神社

本町3

本郷 P.48

下三之町

本町2

飛騨高山宮川朝市 P.22・39

下二之町

布久庵 P.30

眞蓮寺

専念寺

円龍寺

洞雲院

天性寺町

素玄寺前

素玄寺

天照寺

2

馳走屋 侘助 P.43

蔵食房 龍々 P.71

六拾番 P.24

SWING HIDA TAKAYAMA P.50

別院前 大門町

嫏鈴舎 P.53

ひだっちさるぼぼSHOP P.53

ひだ高山天照寺ユースホステル

法華寺

和菓子処 稲豊園 P.55

ホテル アルファーワン 高山 P.57・71

匠館 P.51・59

Café 青 P.31

老田酒造店 P.125

藤井美術民芸館 P.24

高山市図書館 煥章館 P.124

馬場町2

飛騨小町

飛騨 大井屋 P.30

じゅげむ P.24

岩ト屋 P.30

彩菓 なな草 P.54

銀風亭 P.29

お宿山久 P.77

脇茶屋 P.23・43

飛騨

鍛冶橋

古い町並口

二木酒造 P.125

吹屋町

茶々 P.39

地酒蔵本店

kita kita shop P.51

こくらく舎 P.20・25

古い町並

とらや清香園 P.55

吹屋町

オステリア・ラ・フォルケッタ P.41

山桜神社

美久 P.45

高山うさぎ舎 P.25

SAN AI HANDMADE P.32

飛騨高山 まちの博物館 P.70

3

飛騨高山 まちかど 光案内所 P.25

こって牛 P.28

飛騨高山茶寮 三葉 P.38

茶屋三番町 P.25・29

手焼煎餅堂 P.25

上一之町

さんまち通り

旬亭なか川 P.46

青 P.32

宗猷寺町

宗猷寺前

有楽町

まさごそば P.44

べんがら P.32

秋葉神社

さん陣 P.26・43

花風華 P.31

御食事処 坂口屋 P.26

堀端町

飛騨匠神社

堀端町

加藤医院前

久田屋 P.27・43

高山プリン亭 P.54

醸造元 角一 P.57

飛騨牛カレーハウス 天狗 P.41

本町1

喫茶去 かつて P.23・28

HOTEL WOOD TAKAYAMA

CENTER4 HAMBURGERS P.46

馬場町1

島川原町

本陣平野屋 花兆庵 P.74

藍花珈琲店 P.26・31

香舗 能登屋 P.22・33

飛騨高山 二人静白雲 P.57

P.22・34

本陣平野屋 別館 P.75

舩坂酒造店 P.57

いわき P.54

宝生閣

高山陣屋

原田酒造場 P.27・56・71・125

飛騨版画喫茶 ばれん P.29

神明町4

卍照蓮寺

春日町

高山陣屋前朝市 P.39

高山陣屋前 中橋 P.76

住真商店 P.33

八軒町1

陣屋橋

陣屋前

付録 古い町並おさんぽマップ

城山町

4

川原町

高山市 文化伝承館

ジャスホテル高山 P.76

城山公園 P.70

高山城跡

卍本教寺

西町

D

E

F

城山

ノスタルジックな町並みが魅力
飛騨古川をのんびりおさんぽ

散策所要
約3時間

町並みが碁盤目状に区画割りされ、城下町の面影が残る飛騨古川。
白壁土蔵や出格子の家々が立ち並ぶ瀬戸川沿いを散策しましょう。

✚ 飛騨古川(ひだふるかわ)って
こんなところ

城下町の面影が残る
レトロな景観が素敵

戦国時代に城下町として栄えた町。瀬戸川沿いに土蔵や商家が立ち並ぶ、しっとりとした風情の町並みが魅力だ。なかには江戸時代から続く和ろうそくの店や、建物が国の登録有形文化財に指定された2軒の造り酒屋もある。主な観光スポットはJR飛騨古川駅から徒歩10分圏内にあるので、風情ある景観を眺めながらのんびり歩こう。

アクセス
🚃 電車:高山駅からJR高山本線で飛騨古川駅まで16分
🚗 車:高山市街から国道41号経由で約21km

問合せ
☎0577-74-1192(飛騨市観光協会)
MAP 付録裏C3

①かつては武家屋敷と町人町の境だった瀬戸川 ②色とりどりの鯉が泳ぐ ③瀬戸川は人々の手で守られている

④土蔵の窓の形もいろいろ ⑤町内には10の屋台蔵が点在。扉には台紋が描かれている

1 瀬戸川と白壁土蔵街(せとがわとしらかべどぞうがい)

飛騨古川のメインストリート

瀬戸川は約400年前に用水として造られたもの。白壁土蔵やお寺の石垣を背景に、川には約1000匹の鯉が泳ぎ、四季折々に見せるその情景が美しい約500mの散策道が整備されている。☎0577-74-1192(飛騨市観光協会)🏠飛騨市古川町殿町 ¥🕐休散策自由 🚉JR飛騨古川駅から徒歩5分 🅿飛騨市役所駐車場利用 **MAP** P83

2 ひだコロッケ本舗(ひだころっけほんぽ)

散策のおともにぴったり

男爵芋を粗めにつぶし、飛騨牛の細切り肉を加えた手作りのコロッケは1個270円。注文後に揚げるため衣はサクサクで、1個120gというボリュームにも大満足。

徒歩1分

▶ソースなしで、肉のうま味を味わって

☎0577-73-3125 🏠飛騨市古川町壱之町10-1 🕐10〜17時(冬期は変更あり)休火曜、ほか不定休 🚉JR飛騨古川駅から徒歩5分 🅿なし **MAP** P83

徒歩1分

4 みしまわろうそくてん
三嶋和蝋燭店

1本づつ手作りする和ろうそく

わが国でも数少ない手作り和ろうそくの店。長い竹串に芯を差し、数本の串を回転させながら木蝋を一層ずつ塗り重ねていくさまは、まさに匠の技。作業場を見学することもできる。

☎0577-73-4109 🏠飛騨市古河町壱之町3-12 🕘9時30分〜17時 🈂水曜（臨時休業あり）🚃JR飛騨古川駅から徒歩7分 🅿なし 📍MAP P83

▲瀬戸川近くにたたずむ重厚な趣の店舗

▼生掛け和ろうそく1本180円〜。芯が空洞のため、無風でも炎がやさしく揺らめく

▲丁寧に木蝋を掛ける。工程はすべて手作業

町家の軒下を飾る"雲"に注目

「雲」とは、大工さんが家を造る際に施した白い装飾のこと。模様は木の葉や唐草など約170種類もあります。匠の建物に対する愛情と仕事への誇りが表現されています。

徒歩2分

5 いちのまちこーひーてん
壱之町珈琲店

▲1人でも気軽に立ち寄れる雰囲気

築約100年の古民家を改装したカフェ

日替わり手作りケーキ350円〜とスペシャルティーコーヒー430円でひと息つける。1日12個限定のメロンパン220円も人気。ランチの飛騨牛のカレーライス800円もおすすめ。

☎0577-73-7099 🏠飛騨市古川町壱之町1-12 🕘10〜17時 🈂月に1回日曜 🚃JR飛騨古川駅から徒歩7分 🅿なし 📍MAP P83

▲天然木の一枚板を使ったテーブルもオシャレ
◀日替わりケーキのチーズスフレ400円

3 ひだのたくみぶんかかん
飛騨の匠文化館

飛騨の匠の歴史と技をお勉強

奈良時代に都の造営などで活躍した、飛騨の匠の技や大工道具を紹介。釘を一切使わない独特の建築技法を学べるほか、組み木と継ぎ手を組み合せる木組み体験も楽しめる。

☎0577-73-3321 🏠飛騨市古川町壱之町10-1 💴入館300円 🕘9〜17時（12・2月は〜16時30分）🈂木曜 🚃JR飛騨古川駅から徒歩5分 🅿なし 📍MAP P83

徒歩3分

▶文化館自体も伝統の技法で造られている
▼千鳥格子や継ぎ手、組み木などの見本を展示する

飛騨市図書館
富山駅へ
飛騨市役所
飛騨市役所前
起し太鼓の里・飛騨古川まつり会館
飛騨市観光協会
古川祭 P.125
飛騨古川駅
JR高山本線
古川駅前
円光寺
飛騨の匠文化館 ❸
古川病院
金森町
ひだコロッケ本舗 ❷
❶瀬戸川と白壁土蔵街
殿町
三嶋和蝋燭店 ❹ P.83・125
高山駅へ
真宗寺
本光寺
本光寺前
❺壱之町珈琲店
荒城川
高山へ→
100m
N

📖 11月下旬に瀬戸川で泳ぐ鯉を越冬池へ移す「鯉の引っ越し」、4月上旬に瀬戸川に戻す「鯉入れ」は古川の季節の風物詩です。

水の音に癒やされながら
城下町・郡上八幡を歩きましょう

底石が見えるほど透き通った川が流れ、湧水にも恵まれた水の町・郡上八幡。
名水スポットに立ち寄り、名水グルメ＆おみやげも満喫しましょう。

✚ 郡上八幡って
こんなところ

3本の川が合流し、水の町として有名

長良川の上流に位置する城下町。水の町
として知られ、吉田川（**MAP**P85）の川遊
びの音は「残したい日本の音風景100選」
の一つ。また、碁盤目状の道に沿って通る
水路や、水を大切に使う知恵から生まれた
水舟などが見られる。7〜9月にかけて開
催される「郡上おどり（☞P86）」の時期は
多くの観光客で賑わう。

[アクセス]
🚌 **バス**：高山濃飛バスセンターから濃飛バスなど
名古屋線で1時間20分、郡上八幡インター下
車、車で城下町プラザまで15分

🚗 **車**：高山市街から中部縦貫自動車道、東海
北陸自動車道などを経由して約76km

[問合せ]
☎0575-67-0002（郡上八幡観光協会）
☎0575-65-3155（郡上タクシー）
MAP付録裏B7

❶奥美濃の山々を源流にした吉田川 ❷由緒ある湧水、宗祇水

START!

バス停
郡上八幡インター
🚌

タクシー
10分

徒歩
20分

◀奥濃美エリ
アの紅葉の名
城として人気
が高い

▲魚の形をした城下町の眺めを楽
しもう

1 郡上八幡城
ぐじょうはちまんじょう

天守閣からの眺めが最高！

木造4層5階建ての天守閣は昭
和8年（1933）に再建されたも
ので、木造の再建城としては日
本最古のもの。標高354mの
八幡山山頂に立ち、最上階から
は城下町全体を見渡せる。

☎0575-67-1819（郡上八幡産
業振興公社）🏠郡上市八幡町柳
町一の平659 ¥入城310円 🕐
9〜17時（6〜8月8〜18時、11〜
2月は〜16時30分）🈂12月20日
〜1月10日 🚃城下町プラザから
徒歩15分 🅿20台 **MAP**P85

2 宗祇水
そうぎすい

日本名水百選の第一号

徒歩
2分

▼別名「白雲水」ともよばれる

小駄良川のほとりにある湧水
で、郡上八幡のシンボル的存
在になっている。文明3年
（1471）、連歌の宗匠・飯尾宗
祇と郡上の領主・東常縁がこ
の泉のほとりで歌を詠み交わ
したという。

☎0575-67-0002（郡上八幡観光
協会）🏠郡上市八幡町本町 ¥🈂🈚
見学自由 🚃城下町プラザから徒歩5
分 🅿なし **MAP**P85

水舟の仕組み

湧水を無駄なく使うためのシス
テム。2〜3つの水槽に分かれ、
飲用、食材洗い、食器洗いなど
槽によって用途を変えている。

生活密着型の小道をおさんぽ

民家の裏手に流れる島谷用水に沿って続く、幅1m、長さ約100mの「いがわこみち」。鯉やアマゴなど魚が泳ぐ姿も見られます。☎0575-67-0002(郡上八幡観光協会) MAP P85

徒歩3分

▲水風船を割ると透明なゼリーが現れる

4 なかしょうかしてん 中庄菓子店

清流をイメージした銘菓に注目

名物は、郡上八幡の天然水で作ったゼリー、清流のしずく1個180円。5〜9月のみ販売する季節限定の商品だ。ほんのり甘い透明なゼリーに、黒蜜または白蜜をかけて食べる。

☎0575-65-2433 住郡上市八幡町島谷541 ◷9時30分〜18時 休水曜 交城下町プラザから徒歩5分 Ｐなし MAP P85

▲和菓子のほか、洋菓子も種類豊富に揃う製菓店

徒歩4分

▼もっちりとした食感が人気のもちもちざるそば

▲岐阜県の伝統野菜・深戸ネギがのった甚助蕎麦980円

▶窓際の座敷席からは吉田川を眺められる

3 そばのひらじん ほんてん そばの平甚 本店

名水で打った絶品そば

厳選国産石臼挽きそば粉を、郡上の名水を使って打った絶品そばが味わえる。人気メニューは、地のものを使用した贅沢ランチ「飛騨牛自然薯ランチ」1980円。

☎0575-65-2004 住郡上市八幡町本町870 ◷11〜16時(休日は〜17時、夏期変動あり) 休不定休 交城下町プラザから徒歩5分 Ｐ8台 MAP P85

GOAL!

5 やなかみずのこみち やなか水のこみち

周囲の町家と調和し、風情たっぷり

吉田川や長良川で採取した小石が美しい模様を描く小道。小石の数は町名にちなんで約8万個。一角には、やなか三館とよばれる3つの文化施設があるので立ち寄ってみよう。

☎0575-67-0002(郡上八幡観光協会) 住郡上市八幡町新町 ¥散策自由 交城下町プラザから徒歩8分 Ｐなし MAP P85

▲ベンチもあるので休憩スポットにも◎

▲湧水は飲用OK。散策で乾いたのどを潤そう

郡上おどりに参加して
真夏の夜を踊り明かしましょう

開催期間の長さから、日本一の盆踊りといわれる「郡上おどり」。
地元の人と輪になって、お囃子と下駄の音が重なり合う夜を満喫しましょう。

❶10種類の曲が次々と変わる ❷囃子方が乗る屋形を中心に輪踊りとなる ❸「古調かわさき」で始まり、最後は「まつさか」で終わる

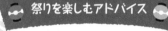
祭りを楽しむアドバイス

うちわ&手ぬぐいがあると便利
クールダウン用のうちわや、汗をぬぐえる手ぬぐいを持って行こう。郡上八幡旧庁舎記念館で購入できる。

▶うちわ 660円
◀郡上おどりてぬぐい 1本900円

浴衣&下駄に衣装チェンジ！
ラフな格好での参加もOKだが、浴衣に着替えれば気分が上がる。踊りの調子を高めてくれる下駄はぜひ用意して。
・石山呉服店（浴衣レンタル）
☎0575-65-3854 MAP P86
・杉本はきもの店（下駄）
☎0575-67-1080 MAP P86

▼下駄は2000円台～と手頃

▲着付けの所要時間は約30分

踊りの教室に参加しよう
郡上八幡旧庁舎記念館（☎0575-67-1819 MAP P86）の2階にある「かわさきホール」では、郡上おどりシーズン中の開催日の土・日曜、8月13～16日に講習会を行っている。1日3回（有料）、予約制。

▶郡上踊り保存会の方が指導してくれる

郡上おどり
約400年の歴史をもつ郡上の夏の一大イベント
町内各地の縁日祭にちなみ、2022年は7月9日～9月3日までの全17夜行われる。なかでも8月13～16日の4日間は午後8時～翌朝まで夜を徹して踊る徹夜おどりが行われ、下駄とお囃子の音が鳴り響く。踊りは全部で10種類。

郡上おどり会場マップ

踊り上手と認められると免許証がもらえます。審査は通常一晩1回で徹夜おどりの期間中は2回。対象者は浴衣を着ている人のみです。

世界遺産 白川郷では
日本の原風景に出合えます

山々に囲まれ、茅葺き屋根の合掌造り家屋が並ぶ
のどかな風景は、まるで、昔話の世界のようです。
地場産食材をいただいたり、生活の知恵を学んだり、
のんびりと癒やしのひとときを過ごしましょう。

これしよう！

① 昔懐かしい
風景をおさんぽ

荻町城跡展望台での記念
撮影と、合掌造り家屋内
の見学はマスト。

② 山里グルメを
いただく

地元でとれた山菜を使っ
た料理や、湧水で育てた
川魚などを堪能しよう。

③ 合掌造りの宿に
お泊まり

合掌造りの宿に泊まってス
ローライフを体験。白川郷
の真の魅力がわかるはず！

A 背負いカゴを模した小
物入れ B 合掌造り家屋の
ミニチュアに耳かきを立て
たアイテム

のどかな風景が広がる合掌造りの里

白川郷

しらかわごう

こんなところ

岐阜県北西部の豪雪地帯に位置する白川郷
には、雪下ろし作業軽減のため、急勾配三角
屋根の合掌造り家屋が建てられてきた。そ
の独特の景観が評価され、1995年には世界
文化遺産に。昔話の世界にタイムスリップ
したような気分で、のんびりお散歩しよう。

a c c e s s

●高山駅から

高山濃飛バスセンター
↓ 濃飛バス白川郷・
　金沢線で50〜67分
🚏 白川郷バスターミナル

●白川郷での交通

🚏 展望台行き
シャトルバス乗り場
↓ 専用シャトルバスで
　10分
荻町城跡展望台

問合せ☎05769-6-1013
(白川郷観光協会)
広域MAP 付録裏B3

〜白川郷 はやわかりMAP〜

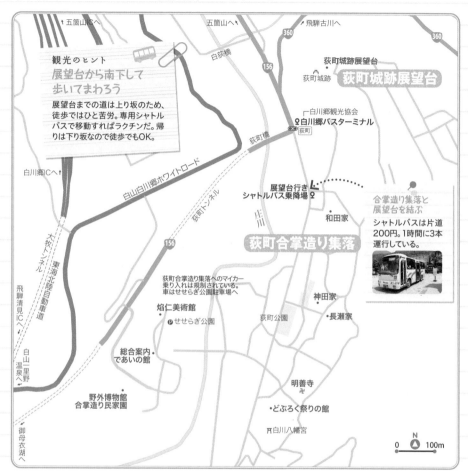

観光のヒント
展望台から南下して歩いてまわろう

展望台までの道は上り坂のため、徒歩ではひと苦労。専用シャトルバスで移動すればラクチンだ。帰りは下り坂なので徒歩でもOK。

五箇山ICへ
五箇山へ
飛騨古川へ
360
360
白荻橋
荻町城跡展望台
荻町城跡
荻町城跡展望台
156
白川郷観光協会
白川郷バスターミナル
荻町

白川郷ICへ

白山白川郷ホワイトロード
荻町橋
展望台行き
シャトルバス乗降場
荻町合掌造り集落
和田家

荻トンネル
庄川
156

合掌造り集落と
展望台を結ぶ

シャトルバスは片道200円。1時間に3本運行している。

大牧トンネル
東海北陸自動車道

荻町合掌造り集落へのマイカー乗り入れは規制されている。車はせせらぎ公園駐車場へ。
焔仁美術館
せせらぎ公園
荻町公園
神田家
長瀬家

飛騨清見ICへ
白山一里野
白山温泉へ

総合案内
であいの館

野外博物館
合掌造り民家園

明善寺
どぶろく祭りの館
白川八幡宮

御母衣湖へ

N
0   100m

注目のみどころはコチラです →

おぎまちがっしょうづくりしゅうらく
荻町合掌造り集落

大小合わせて114棟の合掌造り家屋が残り、世界文化遺産に登録されているのがココ。重要伝統的建造物群保存地区でもある。

おぎまちじょうせきてんぼうだい
荻町城跡展望台

高台にあり、荻町集落を一望できる。新緑や紅葉など四季折々の景観がすばらしい。ただし、冬期は閉鎖される。

観光に便利な乗りもの

白川郷・五箇山往復きっぷ

高山濃飛バスセンター〜白川郷間の往復バス乗車券と、白川郷〜菅沼〜相倉間の3日間フリー乗車券がセットになった「白川郷・五箇山往復きっぷ」もおすすめ。料金は5900円。有効期限は3日間、原則払い戻し不可。
☎0577-32-1688
（濃飛バス）

📷 白川郷

世界遺産の合掌の里
白川郷をゆるりとおさんぽ

のんびり歩いて
約3時間

合掌造り家屋が立ち並び、のどかな風景が広がる白川郷。
ゆったりとした時の流れに身を委ねて、のんびりお散歩しましょう。

スタート！

📷 荻町城跡展望台
おぎまちじょうせきてんぼうだい

高台から合掌造り集落を一望

室町時代、この地方を治めていた内ヶ島為氏の家臣、山下氏勝の住居跡。世界遺産に登録されている荻町集落を一望できる。新緑や紅葉、雪景色など四季折々の景観が素晴らしい。

☎05769-6-1013（白川郷観光協会）住白川村荻町 ¥見学自由 交和田家前から専用シャトルバス（☞P89）で10分 P10台
MAP P91B1／P99C3

秋

紅葉の見頃は、
10月下旬～
11月中旬

冬

▲定番の記念撮影スポットになっている

12月ごろから雪が降り始め、一面銀世界に

徒歩
5分

🛍 恵びす屋
えびすや

どぶろくみやげを手に入れよう

白川郷の伝統的なにごり酒、どぶろく風味の菓子を販売。どぶろく煎餅は16枚入り550円、どぶろく羊羹は520円。そのほか、民芸品や地酒も扱っている。

☎05769-6-1250 住白川村荻町89-2 時9～17時（季節により変動あり）休不定休 交白川郷バスターミナルから徒歩5分 Pなし MAP P91B2／P99B4

◀合掌造り家屋最大の特徴である屋根裏も見学できる

徒歩
15分

📷 和田家
わだけ

荻町最大規模の合掌造り家屋

江戸時代中後期に建てられたとされる築約300年の合掌造り家屋。和田家は代々、名主や番所役人を務めた村の名家。現在も住居として利用され、一部を一般公開している。
DATA ☞P92 MAP P91B1／P99C3

▲国の重要文化財に指定されている

徒歩
7分

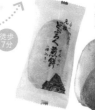

◀ほのかに酒の香りが漂う、どぶろく煎餅

◀鐘楼は少し離れて田園風景とともに撮るのもおすすめ

囲炉裏端でぜんざいはいかが?
「野外博物館 合掌造り民家園」のお休み処では、11月上旬～4月中旬に、囲炉裏端で田舎ぜんざい300円が味わえる。2021年秋に登場した白川郷産「戸ヶ野育ちの甘酒」300円も素朴な味わいで人気。

▼明善寺郷土館。明善寺の庫裏を利用し、古い農具や生活用具の展示を行う

ゴール

みょうぜんじ
明善寺

茅葺き屋根の鐘楼がフォトジェニック

延享5年(1748)創建と伝わる古寺。江戸時代後期に建てられた本堂、郷土館として公開されている庫裏とともに合掌造り家屋となっている。鐘楼は、人気の撮影スポット。

☎05769-6-1009 住白川村荻町679 ¥400円（郷土館と共通)⏰10～16時(土・日曜、祝日9時～)休不定休 交白川郷バスターミナルから徒歩10分 Pなし MAPP91B2／P99C4

徒歩5分

きっさ おちうど
喫茶 落人

合掌造りのカフェでひと休み

合掌造り家屋を利用した喫茶店。おすすめは白川郷の湧水で淹れるコーヒー500円と囲炉裏で煮込むぜんざい(夏期は冷やしぜんざい)700円。ぜんざいとカレーライス、ドリンクのセット1300円。

▲人気のぜんざい。おかわり自由なのもうれしい

☎090-5458-0418 住白川村荻町792 ⏰11～16時頃 休不定休 交白川郷バスターミナルから徒歩8分 Pなし MAPP91B2／P99C4

徒歩10分

やがいはくぶつかん がっしょうづくりみんかえん
野外博物館 合掌造り民家園

白川郷の文化を今に伝える博物館

全25棟の合掌造り家屋を保存・公開し、往時の暮らしを再現。4月下旬～10月には、わらぞうり作りやそば打ちなどの手作り体験(要予約)も行っている。

☎05769-6-1231 住白川村荻町2499 ¥入園600円 ⏰9～16時(季節により変動あり)休無休(12～3月は木曜、祝日の場合は前日)交白川郷バスターミナルから徒歩15分 Pなし MAPP91A2／P99B4

▲25棟のうち、9棟が岐阜県の重要文化財

▲そば打ち体験は1名3150円、2名4800円。要予約

▲合掌造りで店は半地下にあり、テーブル席と座敷席がある

 毎年11月ごろ、消防訓練の一環で消火用放水銃の一斉放水が行われます。観光イベントではなく点検作業のため、日時は非公開です。

白川郷 ● 世界遺産の合掌の里白川郷をおさんぽ

ふむふむ
コラム
fumu fumu

先人の知恵と工夫が詰まった
合掌造り家屋のヒミツとは？

ドイツの建築家、ブルーノ・タウトが「合理的・論理的な構造」と高く評価。
外から見ただけではわからない、合掌造り家屋のヒミツに迫ります。

 ## 合掌造り家屋のキホン

名前の由来
茅葺き屋根の建物で、屋根の形が掌を合わせたように見えることから「合掌造り」とよばれる。

世界遺産の荻町集落に多く残る
荻町の合掌造り集落には、大小合わせて114棟が残る。民宿や食事処、みやげ店として利用されている建物も多い。

どの建物も同じ方向を向いている
屋根を乾燥させて腐りにくくするため、風通しや日当たりを考慮して建てられている。そのため、どの建物も自然と同じ方向を向く。

▶屋根は東と西に面している

建物は「結」の精神により守られている
春になると、「結」とよばれる相互扶助の精神により村人総出で屋根の葺き替えを行う。通常は片面ずつ、100～200人が関わり2日間で仕上げる。

▲屋根は約30年ごとに葺き替える

⛰ ココで見学できます ⛰

案内人はこの方

▶かつてはここで10～15人が生活していた

わだけ
和田家
荻町集落で最大規模を誇る

江戸時代には名主や組頭の役職を務めていた名家で、築約300年の建物は風格もたっぷり。屋根裏では養蚕道具を展示するほか、現在も夏には展示用に蚕を飼育している。

和田家20代目当主
わ だ まさひと
和田正人さん

☎05769-6-1058
🏠白川村荻町997
¥入館400円 🕐9～17時 休不定休
🚌白川郷バスターミナルから徒歩3分 🅿なし ⓂAP P99C3

① アマ（屋根裏）
養蚕の作業場だった

2～4層に分かれており、養蚕の作業場や物置きとして使用していました。風通しがよく、養蚕の作業場にはうってつけ。養蚕は幕末～昭和初期にかけての貴重な収入源だったんです。

① 側面の窓から風を取り込めるよう設計 ② 蚕の糸を紡いだ「糸よりかけ機」などの養蚕道具 ③ 展示用の繭玉

ヒミツ

◀釘が貴重だったことから生まれた知恵

釘を一本も使っていない！

柱や梁はマンサクの木の皮でできたネソとよばれる縄で固定。遊びをもたせ、強風や雪の重みに耐えられる造りに。

② 屋根

傾斜は50～60度

豪雪で家が押しつぶされないようにするため、急傾斜の屋根に。また、雪下ろしの負担を軽減するための工夫でもあるんです。

▲水はけもよく、雨仕舞いの役割も果たす

屋根は載せてあるだけ！

先端部分を細く削った「駒尻」とよばれる建材を、土台の梁に開けた穴に差し込んでいます。

ヒミツ

▲強風や地震の際に屋根が揺れて、力を分散

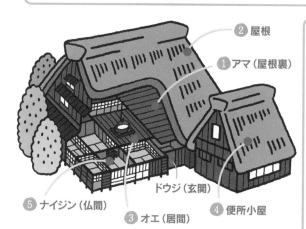

- ② 屋根
- ① アマ（屋根裏）
- ⑤ ナイジン（仏間）
- ドウジ（玄関）
- ③ オエ（居間）
- ④ 便所小屋

③ オエ（居間）

生活の中心の場

囲炉裏を備えた大広間で、一家団欒の場。かつてはここで煮炊きをし、暖をとっていました。家長が奥、台所の近くは女性など座る場所が決まっていたんです。

◀かつて和田家には囲炉裏が3つあった

ヒミツ

囲炉裏の煙が建物を守る

煙には防腐・防虫効果があるため、常に薪をくべて家中に煙が充満するようにします。

▲柱や梁が黒いのは、長年にわたり煙でいぶされたため

▲火の粉を消し止め、熱と煙を分散させる「火天」

⑤ ナイジン（仏間）

立派な仏壇を設置

白川郷では浄土真宗が厚く信仰されており、各家に立派な仏壇があります。

▶デイ（客室）の隣にある

④ 便所小屋

トイレ兼牛馬の飼育小屋

和旧家では牛を飼っていた。現在は農機具小屋として使用。

▶内部は通常非公開

まだある！ 見学できる合掌造り家屋

神田家

かんだけ

▶敷地内には唐臼小屋や稲架倉も立つ

4階建て5層の合掌造り家屋

江戸時代後期に宮大工が10年かけて建てたと伝わる。火薬の原料となる焔硝を造っていた床下や、中2階にある火見窓に注目。

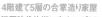

☎05769-6-1072 住白川村荻町796 入館400円 ⏰9～17時 休水曜 交白川郷バスターミナルから徒歩10分 Pなし MAP P99C4

長瀬家

ながせけ

▶5代目当主が建造。明治23年（1890）に完成

白川郷では珍しい5階建て

1階には500年以上も前に作られたという仏壇が置かれるほか、初代から3代目まで漢方医をしていたため、江戸時代の薬箱や秤も展示。

☎05769-6-1047 住白川村荻町823-2 入館400円 ⏰9～17時頃 休不定休 交白川郷バスターミナルから徒歩10分 Pなし MAP P99C4

郷土の滋味があふれる
山里グルメをいただきます

白川郷では、豊かな自然に育くまれた地場産食材を味わいましょう。
旬菜を中心とした、選りすぐりの山里グルメをご紹介します。

おしょくじどころ いろり
お食事処 いろり

築約150年の古民家で山菜を楽しむ

築約150年の歴史ある合掌造りの店。
地産地消にこだわったメニューのなか
でも、おすすめは、白川郷でとれた季
節の山菜をふんだんに使用した山菜
定食1944円。香ばしいニジマスの甘
露煮が付くのもうれしい。

☎05769-6-1737 住白川村荻町374-1
🕐10～14時 休不定休 交白川郷バスターミナ
ルから徒歩3分 P10台 MAP P99C3

Check!

・山菜・
白川郷では多彩な山菜
がとれる。旬に合わせて
料理は季節替わり

▲みやげ物や軽食を扱
う姉妹店を併設

山菜定食には、豆腐やそばなど椀や小鉢も付く

そばしょうやまこし
蕎麦庄やまこし

自家製の粉から打った田舎そば

自家栽培の玄そばを石臼で挽いて作っ
た手打ちそばが楽しめる。コシのあるそ
ばは、かつおだしの効いたふくよかな香
りのツユと一緒に。そのほかイワナ料理
や山菜料理なども提供。宿泊もできる。

☎05769-6-1165 住白川村荻町1786-3
🕐11時30分～売り切れ次第閉店 休木曜 交
東海北陸自動車道白川郷ICから車で4分 P
20台 MAP P99B2

Check!

・そば・
高地の山里はそばの育
成に適している。そば粉
は自家製にこだわる

▲和モダンな内装の店
内には囲炉裏もある

おろしそば1200円は、辛味大根とネギがアクセント

きっさこんじゃく
喫茶今昔

伝統料理の団子を堪能する

地元で古くから親しまれている伝統的
な団子を、あずき汁やすまし汁、肉汁、
きなこだんごの4種類にアレンジ。そば
800円～など、軽食メニューも充実し
ていて、ちょっとした腹ごしらえに最適
な店だ。

☎05769-6-1569 住白川村荻町445 🕐10
時～15時30分 休不定休 交白川郷バスターミ
ナルから徒歩15分 Pなし MAP P99B4

Check!

・汁団子・
養蚕業が盛んだった昔、
蚕の成長を祝って作られ
た初午団子が起源

▲合掌造り、妻入りの建物
に青いのれんが掛かる

まるでぜんざいのようなあずき団子。団子は全種類各600円

白川郷伝統のお酒
どぶろくもぜひ

毎年10月のどぶろく祭の際に振る舞われるどぶろく。「お食事処 いろり」では、県内の酒店が造ったどぶろくを1杯300円で提供。甘酸っぱい独特な味わいとマイルドな口当たりがクセになります。

白川郷 ● 山里グルメをいただきます

はくすいえん
白水園

飛騨の味覚を集めた朴葉みそ和膳

展望台行きシャトルバス乗り場に隣接する、合掌造りの食事処。飛騨牛を焼いて味わう朴葉みそ和膳（飛騨牛）1950円は、川魚の焼き魚や山菜の小鉢なども付き、飛騨の味覚を存分に味わえる。

☎05769-6-1200 住白川村荻町354 ⏰11〜15時 休不定休（土・日曜、祝日は営業、12〜3月は要予約）交白川郷バスターミナルから徒歩3分 P20台 MAP P99C3

Check!
・飛騨牛・
適度に脂がのった飛騨牛と香ばしい味噌が醸し出す、絶妙な味わい

▲五箇山の古民家を移築した店。広い座敷のほかテーブル席もある

ボリューム満点の朴葉みそ和膳（飛騨牛）

きたのしょう
基太の庄

朴葉で焼いた飛騨牛のステーキ

築250余年の合掌造りの中で食事ができる。自家調合の朴葉味噌に飛騨牛をのせた定食が人気（1683円〜2398円）。ほかにもイワナの塩焼きなどもある。

☎05769-6-1506 住白川村荻町2671-1 ⏰11〜14時（日により異なる）休不定休（10月13〜15日、12月下旬〜1月中旬は休業）交白川郷バスターミナルから徒歩15分 P10台 MAP P99B4

Check!
・朴葉味噌・
飛騨地方に多く自生する朴の葉の上に味噌をのせて焼く伝統料理

▲広く、くつろげる座敷席のほか、囲炉裏もある

ご飯、味噌汁、山菜料理がセットの味噌ステーキ定食2300円

ますえん ぶんすけ
ます園 文助

川魚を生簀から取り出してさばく

庭の湧水で養殖した川魚を、注文後に生簀からあげて調理する。イワナの塩焼き、ニジマスの刺身、旬の川魚の甘露煮など数種類の川魚が味わえる、ます園文助定食2420円も味わいたい。

☎05769-6-1268 住白川村荻町1915 ⏰9〜20時LO（11〜15時以外は要予約）休不定休 交白川郷バスターミナルから徒歩15分 P8台 MAP P99C3

Check!
・川魚・
年中水温が冷たいため、渓流魚は身が引き締まっていておいしい

▲味のある建物。店内からは田園風景や中庭の池を眺められる

ます園文助定食。川魚は自家養殖なので一年中楽しめる

 白川郷の飲食店は団体客の貸切もあるので、早めの時間帯に行くのがおすすめです。事前に電話で予約しておくのもいいですね。

合掌造りの宿に泊まって
山里の暮らしを体験しましょう

見学するだけでは決してわからないのが、合掌造りの建物での暮らし。
実際に合掌造りの宿に泊まり、癒やしの時間を体験してみてはいかが？

まるで自分の故郷のように
囲炉裏端でしっぽり語らう

合掌の宿 利兵衛
がっしょうのやどりへい

建物は築400年。白川郷の合掌造りのなかでも特に古い建築様式とされる、妻入り式が特徴。生まれも育ちも白川郷という女将は、日々畑で季節の食材を栽培しながら、料理から見送りまですべて1人で切り盛りする。白川郷ならではのアットホーム感が心地よい。

☎05769-6-1552
住白川村荻町103 交白川郷バスターミナルから徒歩10分 P4台 客4室 ●1977年開業 ●バス・トイレ共同
MAP P99B4

CHECK
÷1泊2食付料金÷
平日、休前日ともに1万2000円～
（10～4月は暖房費+500円）
÷時間÷
IN14時、OUT9時30分

1 居間兼食事処でもある囲炉裏の間で女将と談笑 2 食材はほぼ地場産だ 3 縁側で自然に浸る 4 帰りは女将が手を振ってお見送り

お泊まりシミュレーション

14:00 チェックイン
宿に到着。合掌造りらしい三角の茅葺き屋根の建物に胸が躍る。

15:00 部屋でまったり
年季の入った和室の客室でまったり。その後、白川郷散策へ。

18:00 夕食
宿に戻り夕食。飛騨牛の陶板焼きやイワナの塩焼きなどに舌鼓。

20:00 お風呂
お風呂は家庭サイズの檜風呂。入浴時間は16時30分～21時。

7:30 朝食
朴葉味噌がメインの朝食。料理はすべて女将の手作りだ。

プライバシーなし!? 合掌造りの宿の心得

合掌造りの宿では、基本的に隣室と襖一枚で隔てただけで、鍵のない客室に泊まります。また、バス・トイレも基本は共用、かつアメニティ類も豊富とはいえないので、予約時に必ず宿に確認しましょう。

白川郷 ● 合掌造りの宿で山里の暮らし体験

がっしょうのやど まごえもん
合掌乃宿 孫右エ門

長い縁側を備えた風格ある宿で、建物は築200年以上を誇る。宿を営む夫婦が育てた自家栽培の米や野菜、じっくり焼き上げたイワナの塩焼きなど、白川郷の郷土の味を囲炉裏のある部屋で堪能できる。

☎05769-6-1167 住白川村荻町360 交白川郷バスターミナルから徒歩6分 P5台 客6室 ●1997年改築 ●バス・トイレ共用 MAP P99B4

縁側に腰掛けながら山里の四季を感じる

1 長い縁側では、移ろいゆく季節の表情を感じたい 2 朝食の一例。食事処で宿泊客同士が語らう光景も、合掌造りの宿ならでは

CHECK
÷1泊2食付料金÷
平日、休前日ともに2万1000円
（10〜3月は1万960円）
÷時間÷
IN15時、OUT10時

ロケーション
宿の裏には庄川が流れ、川の景色を眺められる客室もある

くつろぎポイント

いっちゃ
一茶

築約200年の合掌造り家屋を利用した宿で、屋根裏には農具などの展示コーナーもある。宿を営む夫婦が精魂込めて栽培したコシヒカリや地元でとれた山菜、野菜などにこだわった、素朴な田舎料理が自慢だ。

☎05769-6-1422 住白川村荻町425 交白川郷バスターミナルから徒歩10分 P7台 客4室 ●1974年11月開業 ●バス・トイレ共用 MAP P99B4

おいしくて温かい素朴な田舎料理

1 定番の飛騨牛の陶板焼は自家製の味噌仕立て。旬の山菜の天ぷらなども提供する 2 田舎の風情に心底浸れる客室

CHECK
÷1泊2食付料金÷
平日、休前日ともに1万1550円〜
（10〜4月は暖房費+500円）
÷時間÷
IN14時、OUT10時

自家栽培の食材
コシヒカリ、赤カブ、宿儺（すくな）カボチャなど特産物も栽培する

くつろぎポイント

こうえもん
幸エ門

江戸時代後期に建てられた、築約200年の建物の古さや美しさを損なうことなく改築。床暖房や足元のセンサーライトなど、現代的な設備もある。美しい庭に面した食事処で振る舞われる料理も絶品だ。

☎05769-6-1446 住白川村荻町456 交白川郷バスターミナルから徒歩10分 P5台 客3室 ●1995年12月改装 ●バス・トイレ共用 MAP P99B4

池のある庭に面する囲炉裏のある空間

1 囲炉裏のある食事処は清潔で開放的。格子窓からは庭が見られる。朝食と夕食は宿泊客全員がここに集まる 2 春〜秋は庭の風情もひとしお

CHECK
÷1泊2食付料金÷
平日、休前日ともに1万4650円〜
÷時間÷
IN15〜18時、OUT9時

全室床暖房
合掌造りの宿としては珍しく、全室床暖房なのがうれしい

くつろぎポイント

合掌造りの宿の客室数はどこも4〜6室程度なので、早めの予約が重要です。また、宿泊時は最低限のマナーも忘れずに。

素朴さに心が和む
白川郷みやげセレクション

味みやげを買うなら、白川郷の伝統酒"どぶろく"を使ったお菓子を。
地元のおばあちゃん作の民芸品は、見ているだけでホッとします。

👩 グルメ

落花生を味付きの生地でコーティング

豆菓子
1袋380円～

豆菓子専門店「豆吉本舗」の商品。どぶろく豆など白川郷限定のオリジナル豆もある

ココで販売 A

あっさり風味のこし餡を香ばしい皮で包んだ最中

紫蘇もなか
8個入り930円

しその粉入りのこし餡を詰めた、合掌造りをかたどった最中。白川郷での限定販売

ココで販売 C

ほのかにどぶろくの香りがする大人好みの羊羹

どぶろく羊羹
520円

白川村のどぶろく祭りにちなみ、酒を使った羊羹。製品にアルコール分は残っていない

ココで販売 C

🏺 民芸品

ルームシューズに使うのもおすすめ

布ぞうり
1組1400円～

端布を使って手編みした草履。すべて色や柄が異なるので、お気に入りを探そう

ココで販売 A

合掌造りの屋根をイメージ

白川郷限定こげ茶さるぼぼ (小)
1個610円

合掌造りの屋根の色をイメージして作られた、今藤商店限定のおみやげ

ココで販売 B

歯ごたえのある食感を楽しめるポン菓子

結おこし
540円

白川郷のおいしい米を使った昔懐かしいポン菓子。みたらし醤油味の香ばしさが口に広がる

ココで販売 B

🏠 お店はココ

こびき屋 Ⓐ
こびきや

合掌造りの店で、民芸品のほか、地酒や菓子類も充実。豆菓子は柿乃木店（MAP P99B4）で販売している。
☎05769-6-1261　🏠白川村荻町286　⏰9時30分～16時30分（季節により変動あり）🈳無休　🚃白川郷バスターミナルから徒歩3分　🅿あり　MAP P99C3

今藤商店 Ⓑ
こんどうしょうてん

本通り沿いにあるみやげ店。どぶろく風ソフトクリーム400円や飛騨牛入りコロッケ300円など、テイクアウトグルメも充実。
☎05769-6-1041　🏠白川村荻町226　⏰10～17時　🈳不定休　🚃白川郷バスターミナルから徒歩8分　🅿なし　MAP P99B4

道の駅 白川郷 Ⓒ
みちのえき しらかわごう

白川郷らしい茅葺き屋根が目印。館内に合掌造り家屋を展示する合掌ミュージアムを併設。
☎05769-6-1310　🏠白川村飯島411　⏰8時30分～17時　🈳無休　🚃東海北陸自動車道白川郷ICから車で3分　🅿62台　MAP P99B1

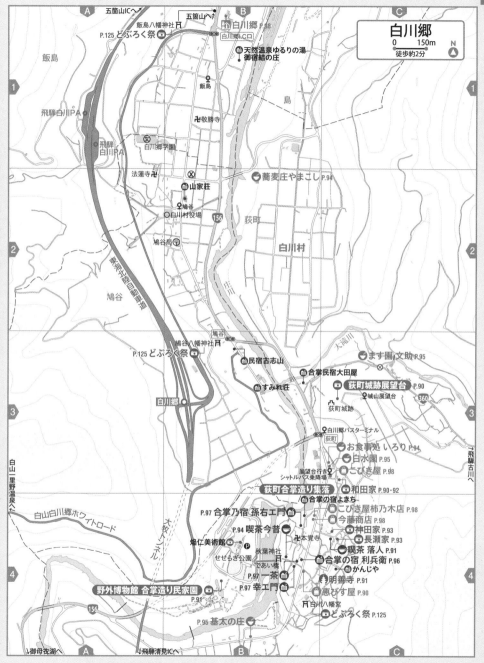

N

白川郷

0 150m
徒歩約2分

N

五箇山ICへ

飯島八幡神社
P.125 どぶろく祭
五箇山へ
白川郷 P.98
白川郷ICロ

天然温泉ゆるりの湯
御宿 結の庄

飯島

飯島

島

卍 敬勝寺

飛騨白川PA

白川郷学園
法蓮寺 卍

飛騨
白川PA

蕎麦庄やまこし P.94

山家荘

鳩谷

荻町

白川村役場

白川村

鳩谷局

東海北陸自動車道

鳩谷

白川郷

鳩谷八幡神社
P.125 どぶろく祭

大滝川

ます園文助 P.95

民宿古志山

合掌民宿大田屋

荻町城跡展望台 P.90

すみれ荘

城山展望台
荻町城跡

360

白川郷バスターミナル

荻町

お食事処 いろり P.94

白水園 P.95

こびき屋 P.98

白山・里野温泉へ

展望台行き
シャトルバス乗降場

和田家 P.90・92

白山白川郷ホワイトロード

荻町合掌造り集落

合掌の宿よきち

P.97 合掌乃宿 孫右工門

こびき屋柿乃木店 P.98

大牧トンネル

P.94 喫茶今昔

焔仁美術館

せせらぎ公園

秋葉神社
であい橋

今藤商店 P.98

本覚寺

神田家 P.93

長瀬家 P.93

喫茶 落人 P.91

合掌の宿 利兵衛 P.96

かんじや

P.97 一茶

明善寺 P.91

野外博物館 合掌造り民家園 P.91

P.97 幸工門

白川八幡神社

恵び寿屋 P.90

どぶろく祭 P.125

御母衣湖へ

P.95 基太の庄

飛騨清見ICへ

御母衣湖へ

もう一つの世界遺産 五箇山をドライブしましょう

所要時間
半日

白川郷の北約20kmにあるもう一つの世界遺産、富山県の五箇山。
菅沼と相倉の2つの合掌造り集落を中心に、山里をドライブしましょう。

五箇山（ごかやま）って こんなところ

合掌造りの伝統を伝える

五箇山にある菅沼と相倉の2つの合掌造り集落は、白川郷とともに世界遺産に登録されている。菅沼には9棟、相倉には23棟の合掌造り家屋が残り、周辺には歴史や文化に触れられるスポットが多数点在する。

アクセス

🚗車：東海北陸自動車道白川郷ICから五箇山ICまで約16km、五箇山ICから菅沼集落まで国道156号で約2km、相倉集落まで約12km

問合せ☎0763-62-1201(南砺市観光協会)
☎0763-66-2468(五箇山総合案内所)
MAP付録裏B2

▲古いものは築約400年の家屋もある相倉集落

START!

①塩硝の館（えんしょうのやかた）

江戸時代に重宝された火薬の原料

塩硝とは火薬の原料になるもので、江戸時代、塩硝作りは五箇山の一大産業だった。ここでは材料の採取から製造、出荷までの工程をジオラマなどで紹介している。

☎0763-67-3262 🏠富山県南砺市菅沼134 ¥入館210円 ⏰9時～16時30分(12～3月は～16時) 休無休 🚌バス停荻町合掌集落から加越能バス高岡駅行きで31分、菅沼下車、徒歩3分 Ｐ菅沼展望駐車場利用29台(1回500円) MAPP101B1

約7km 10分

約4km 6分

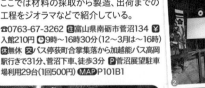

❶館内では、塩硝の歴史なども学べる ❷火縄銃の重みを体験できるコーナーもある ❸菅沼集落に立つ

②村上家（むらかみけ）

昔ながらの生活を垣間見る

菅沼と相倉の間に位置する上梨地区に立つ。築約400年の合掌造り家屋で、館内には数千点もの民俗資料が展示されている。伝統楽器を使う「こきりこ踊り」の観覧も好評（有料、要予約）。

☎0763-66-2711 🏠富山県南砺市上梨742 ¥入館300円 ⏰9～16時(入館は～15時40分) 休火・水曜(祝日の場合は開館) 🚌バス停荻町合掌集落から加越能バス高岡駅行きで38分、上梨下車すぐ Ｐ30台 MAPP101B2

❶1階の囲炉裏端では五箇山の昔話を聞くこともできる ❷昭和33年(1958)に国の重要文化財に指定されている

④ 南砺市立相倉民俗館／相倉伝統産業館

なんとしりつあいのくらみんぞくかん／あいのくらでんとうさんぎょうかん

世界遺産・五箇山の歴史を網羅

昔の日用品などを展示する民俗館と、塩硝や養蚕などの産業に関する道具や民芸品などを陳列する産業館がある。五箇山の合掌造りの歴史と伝統を解説した映像の上映もある。

民俗館☎0763-66-2732 産業館☎0763-66-2080 🏠富山県南砺市相倉352 ¥入館 各300円(2館共通500円) ※2館とも ⏰8時30分～17時 🈑無休 🚌荻町合掌集落から加越能バス高岡駅行きで46分、相倉口下車、徒歩6分 🅿相倉合掌集落駐車場利用30台(1回500円) MAP P101C1

❶ 合掌造り特有の屋根裏部屋も見学可能 ❷ 村人たちの昔の暮らしを紹介する産業館の館内

約8km 12分

GOAL!

▲まつや定食2500円。山菜などの食材は旬替わり

▲ひと息つける喫茶として評判の店。みやげ販売も行っている

③ 茶店 まつや

ちゃみせ まつや

五箇山の郷土料理を味わう

相倉集落にある食事処。看板メニューのまつや定食は、地元の山菜を使ったそばや天ぷら、郷土料理、おにぎりがセット。手作り餡使用のぜんざい750円なども人気だ。

☎0763-66-2631 🏠富山県南砺市相倉445 ⏰9～17時 🈑無休 🚌荻町合掌集落から加越能バス高岡駅行きで46分、相倉口下車、徒歩5分 🅿相倉合掌集落駐車場利用30台(1回500円) MAP P101C1

はがき製作の所要時間は約20分

▲手漉き体験は当日受付も行っているが、予約がベター ▲施設は道の駅に隣接する

⑤ 道の駅 たいら 五箇山和紙の里

みちのえき たいら ごかやまわしのさと

和紙の手漉き体験に挑戦

道の駅 たいら内にある施設で、五箇山和紙の歴史紹介や和紙雑貨の販売などを行っている。和紙の手漉き体験もでき、はがき製作800円(3枚セット)が好評。

☎0763-66-2223 🏠富山県南砺市東中江215 ¥入館200円(和紙の里ギャラリー) ⏰9～17時(体験受付は～16時30分) 🈑無休 🚌荻町合掌集落から車で40分 🅿100台 MAP P101C2

五箇山ドライブ ● 白川郷からひと足のばして

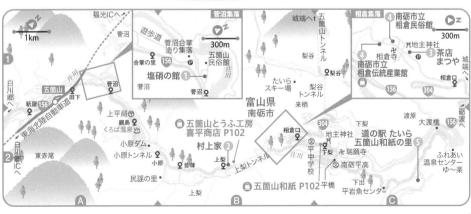

福光ICへ 1km

菅沼集落 300m

相倉集落 300m

④ 南砺市立相倉民俗館

白川郷 五箇山 新屋 156 田下 東海北陸自動車道 白川郷ICへ

城端 五箇山トンネル 梨谷

遊歩道 菅沼合掌造り集落 合掌の里 156 塩硝の館 ❶ 菅沼 五箇山 民俗館

相覚寺 地主神社 ③ 茶店 まつや 南砺市立 相倉伝統産業館 相倉 156 304

砺波

上平局 156 くろば温泉 小原ダム 小原トンネル 小原 東赤尾

五箇山とうふ工房 喜平商店 P102 村上家 ❷ 上梨

五箇山スキー場 梨谷トンネル 来栖

富山県 南砺市 相倉口

梨谷

上梨トンネル 庄川 五箇山和紙 P102 平橋

304 下梨 地主神社 道の駅 たいら 五箇山和紙の里 ⑤ 瑞願寺 平中学校 南砺平野

下梨 渡originで 大渡橋 ふれあい温泉センター ゆ～楽 平岩魚センター

江戸時代、五箇山の塩硝は全国的にも非常に質が高く、米の代わりに年貢として収められていたほどでした。

101

伝統と文化が感じられる 五箇山の特産品をおみやげに

五箇山和紙や五箇山豆腐、伝統楽器など、
五箇山のオリジナルカルチャーをおみやげに持ち帰りましょう。

✤ 五箇山和紙 ✤

江戸時代に加賀藩へ上納され、手厚い保護を受けて発展。丈夫で破れにくく、透かしの美しさに定評がある。国の伝統的工芸品。

ごかやまわし
五箇山和紙 ココで買えます

☎0763-66-2016 🏠富山県南砺市下梨148 ⏰8時30分〜17時 🈺火曜（12月〜GW前までは日曜、祝日）🚌荻町合掌集落から加越能バス高岡駅行きで42分、下梨下車、徒歩5分 🅿10台 MAP P101C2

耐水性もバツグン
文庫本用のブックカバー

ブックカバー 1枚1320円
こんにゃく糊でコーティングしているので、
水に塗れても安心。
和紙のしおり付き

素朴な風合いが魅力
和紙製の人形

五箇山立雛 1体2200円
粘土状にした和紙を形成し、
乾燥後に和紙を貼って絵付け。
十二支シリーズもある

富山県産大豆だけ！
昔ながらの手作り豆腐

五箇山豆腐 1丁450円
水分が少なく、大豆のうま味が
詰まった濃厚な味。
冷奴や煮物で味わって

チーズのような味！
五箇山豆腐の燻製

いぶりとっぺ 1袋440円
5〜8mmにスライスして食べよう。
わさび醤油やマヨネーズを
つけてもGOOD！

✤ 五箇山豆腐 ✤

縄で縛って持ち上げても崩れない、独特の固さが特徴。枕にした、つまづいて爪を剥がしたなど豆腐の固さを伝える例え話も数多くあるという。

ごかやまとうふこうぼうきへいしょうてん
五箇山とうふ工房 喜平商店 ココで買えます

☎0763-66-2234 🏠富山県南砺市上梨608 ⏰7〜19時 🈺不定休 🚌荻町合掌集落から加越能バス高岡駅行きで38分、上梨下車、徒歩2分 🅿7台 MAP P101B2

奥飛騨温泉郷・下呂温泉の宿で くつろぎのひとときを

奥飛騨温泉郷では、北アルプスを望む絶景露天風呂や山里情緒あふれる古民家の宿にお泊まり。下呂温泉では、和モダンな宿でくつろぎ、足湯めぐりや温泉街グルメを楽しみましょう。

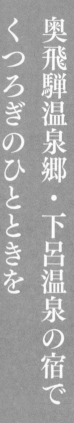

これしよう！

1 絶景露天風呂で
気分爽快

北アルプスビューの露天
風呂へ。雄大な景色と温
泉のW効果でリフレッシュ！

2 ロープウェイで
雲上の世界へ

観光の目玉、新穂高ロープ
ウェイ。標高2156mの別
天地まで空中散歩しよう。

3 古民家の宿で
くつろぐ

古民家を改装した宿は福
地温泉に集中。囲炉裏の
炎のぬくもりに心が和む。

Ⓐ飛騨山椒は、奥
飛騨温泉郷の名
物みやげ Ⓑ栃尾
温泉では温泉熱
を利用して南国フ
ルーツを栽培

access

●高山駅から

高山濃飛バスセンター		♀ 新穂高ロープウェイ
↓ 濃飛バス平湯・新穂高線で1時間		↑ 4分
♀ 平湯温泉		♀ 新穂高温泉
		↑ 5分
●奥飛騨温泉郷での交通		♀ 中尾高原口
		↑ 1分
♀ 平湯温泉		♀ 山のホテル前
↓ 8分		↑ 1分
♀ ガーデンホテル焼岳		♀ 佳留萱
↓ 2分		↑ 7分
♀ 福地温泉		♀ 栃尾診療所前
↓ 1分		↑ 6分
♀ 福地ゆりみ坂		♀ 福地温泉口
↓ 1分		

問合せ ☎0578-89-2614(奥飛騨温泉郷観光
協会) ☎0578-89-2458(奥飛騨温泉郷観光
案内所) 広域MAP 付録裏E3〜F4

雄大な北アルプスに抱かれた山あいのいで湯

奥飛騨温泉郷

おくひだおんせんごう

こんなところ

平湯川と蒲田川沿いに、平湯・福地・新
平湯・栃尾・新穂高の5つの温泉地が
点在。ほとんどの宿に露天風呂が備
わり、日本一露天風呂の多い温泉地と
もいわれている。温泉地のあちらこ
ちらに足湯や立ち寄り湯があるので、
気軽に温泉を楽しめるのも魅力だ。

～奥飛騨温泉郷　はやわかりMAP～

奥飛騨温泉郷

N
0　1km

錫杖岳
奥飛騨温泉郷観光案内所
新穂高ロープウェイ　新穂高温泉駅
中崎山荘 奥飛騨の湯　鍋平高原駅
しらかば平駅
新穂高ロープウェイ
大木場ノ辻
新穂高温泉
岐阜県
高山市
国立公園口　ひがくの湯
新穂高の湯　中尾高原口
西穂高口駅
高山市上宝町へ
山のホテル前
栃尾温泉
今見　栃尾温泉　新穂高温泉口
471
奥飛騨温泉郷上宝　栃尾　上栃尾　神坂
荒神の湯　栃尾温泉
新平湯温泉口　新平湯温泉
割谷山
新平湯温泉

奥飛騨の情報を発信する

各種パンフレットを揃え、最新情報を入手できる。

新平湯・福地温泉
福地温泉口　上地ヶ根
福地ゆりみ坂　不動の湯
福地温泉
福地温泉前　昔ばなしの里
クマ牧場前
奥飛騨クマ牧場
ガーデンホテル焼岳
上高地へ
大正池
梓川

長野県
松本市

観光のヒント
バスは本数が
少ないので注意！
バスは1時間に1本程度。バスが乗り放題のフリー乗車券もあり、高山濃飛バスセンターや平湯バスターミナルで販売している。

471
白谷山
アカンダナ山
158　中の湯IC

輝山
平湯温泉
安房トンネル　安房峠
安房峠道路　安房平
松本へ
高山市街へ
平湯温泉
（バスターミナル）
湯ノ平トンネル　平湯IC口
平湯温泉
平湯トンネル
158　平湯峠　安房山
ほおのき平　乗鞍畳平へ　5　平湯峠　485
平湯大滝

105

注目エリアはコチラです

ひらゆおんせん
平湯温泉
高山と各温泉地を結ぶ交通の起点。観光スポットは、飛騨三大名瀑の一つ、平湯大滝。2月中旬には結氷まつりが行われる。

しんひらゆ・ふくじおんせん
新平湯・福地温泉
国道471号沿いに南北に広がる新平湯温泉。古民家の宿が多い福地温泉では朝市を開催。バスは1時間ごとに交互に運行。

とちおおんせん
栃尾温泉
ホタルの名所として知られる蒲田川が流れる。宿はアットホームな民宿が基本。4月下旬～5月上旬には桜まつりが行われる。

しんほたかおんせん
新穂高温泉
北アルプスを眺められる絶景風呂を備える宿が多数。北アルプスの登山口もココ。温泉地の最奥にロープウェイの駅がある。

山里のおいしい夕食が味わえる
情緒あふれる古民家の宿

木のぬくもりあふれ、囲炉裏の炎に心が落ち着く古民家の宿。
夕食は、囲炉裏を囲んで山里のごちそうに舌鼓を打ちましょう。

静かな環境でのんびり過ごす
全室離れの小さな宿

いろりの宿 かつら木の郷
福地温泉
いろりのやど かつらぎのさと

4000坪の敷地を有し、客室はすべて離れ形式。150年前に建てられた豪農の館を利用した母屋だけでなく、5タイプあるすべての客室に囲炉裏の間が設けられている。食事は、朝夕ともに囲炉裏のある個室で。
☎0578-89-1001 ⓐ高山市奥飛騨温泉郷福地10 🚌バス停福地温泉から徒歩3分 ﾛ15台 ⓐ10室 ●1998年開業 ●泉質：炭酸水素塩泉、単純温泉 ●露天あり、貸切あり
ⓂⒶⓅP113B3

CHECK
➕1泊2食付料金➕
平日2万3100円〜
休前日2万5300円〜
➕時間➕
🕐IN15時、OUT11時

🍴夕食メニュー
キノコや川魚など旬の山川の幸を使った炉端料理。メインは飛騨牛。

1 一年中火を焚いている母屋の囲炉裏 2 2種類の源泉を引く風呂には、大浴場のほかに2つの貸切風呂がある 3 メゾネットタイプの広々とした客室

川越しに槍ヶ岳を望む
露天風呂自慢の宿

槍見の湯 槍見舘
新穂高温泉
やりみのゆ やりみかん

蒲田川の川岸に立つ老舗。築200年の庄屋屋敷を改築した建物は、素朴で力強い趣たっぷり。川辺に造られた混浴露天風呂「槍見の湯」や、趣の異なる4つの貸切風呂（無料）など、さまざまに楽しめる。
☎0578-89-2808 ⓐ高山市奥飛騨温泉郷神坂587 🚌バス停中尾高原口から徒歩7分 ﾛ15台 ⓐ15室 ●2000年10月改装 ●泉質：単純温泉 ●露天あり、貸切あり
ⓂⒶⓅP113B1

CHECK
➕1泊2食付料金➕
平日1万8700円
休前日1万9800円〜
➕時間➕
🕐IN14時、OUT11時

🍴夕食メニュー
山菜やイワナ、飛騨牛など、奥飛騨らしい食材をふんだんに使用

1 蒲田川を望む客室。太い梁や柱など古い日本家屋特有の魅力に満ちている 2 ロビーに隣接する囲炉裏の間 3 野趣あふれる槍見の湯はバスタオルの着用OK

福地温泉 〔凬〕〔ゆ〕〔ⓗ〕〔▣〕

ゆもと ちょうざ
湯元 長座

飛騨地方と新潟県から移築した15の古民家からなる宿で、奥飛騨温泉郷の古民家宿の先駆け的存在。囲炉裏を備えた客室もある。総檜造りの内湯や、木々に囲まれた露天風呂なども魅力的。

☎0578-89-0099 住高山市奥飛騨温泉郷福地786 交バス停福地ゆみ坂らすぐ P40台 客27室 ●1969年開業 ●泉質：炭酸水素塩泉、単純温泉 ●露天あり、貸切あり MAP P113A3

奥飛騨を代表する風情ある古民家の宿

🍲夕食メニュー

奥飛騨の味覚を知り尽くした料理人による、地元にこだわった料理

CHECK
＋1泊2食付料金＋
平日2万4200円～
休前日2万76400円～
＋時間＋
🕐IN15時、OUT10時

１ 築130年を超える庄屋屋敷を利用した母屋
２ 木々に囲まれた女性用露天風呂

昔懐かしい風情を随所で感じられる

CHECK
＋1泊2食付料金＋
平日、休前日ともに
1万2960円～
＋時間＋
🕐IN15時、OUT10時

１ 新館の客室は、8室中7室に囲炉裏がある
２ 露天風呂付きの大浴場「長閑の湯」

🍲夕食メニュー

主人自ら手がけるオリジナル創作料理。一から三の膳まで供される

新平湯温泉 〔凬〕〔ゆ〕〔ⓗ〕〔▣〕

しょうほうえん
松宝苑

築120年の古民家を再生した母屋のほか、客室棟、浴室棟が中庭を囲むように立つ。大浴場は、浴場と脱衣場の仕切りがなく、昔の湯治場を彷彿とさせる造り。無料の貸切露天風呂もある。

☎0578-89-2244 住高山市奥飛騨温泉郷一重ヶ根205-128 交バス停福地温泉口からすぐ P20台 客15室 ●1999年7月改装 ●泉質：炭酸水素塩泉 ●露天あり、貸切あり MAP P113A3

福地温泉 〔凬〕〔ゆ〕〔ⓗ〕

やまざとのいおり そうえん
山里のいおり 草円

国の有形文化財に登録された母屋は、築170年の飛騨造りの古民家を移築・再生したもの。かつての奥飛騨の暮らしを垣間見ることができる。3タイプある客室は、どれも温かみのある造り。

☎0578-89-1116 住高山市奥飛騨温泉郷福地831 交バス停福地ゆみ坂からすぐ P20台 客15室 ●2005年5月開業 ●泉質：単純泉 ●露天あり、貸切あり MAP P113B3

豪農屋敷で味わう奥飛騨の郷土料理

🍲夕食メニュー

薪で炊くご飯や、山里の食材を使った料理は滋味深い味わい

CHECK
＋1泊2食付料金＋
平日1万9580円～
休前日2万2880円～
＋時間＋
🕐IN15時、OUT11時

１ 100年前の奥飛騨の暮らしを再現した母屋
２ 半露天風の大浴場「福の湯」

📖 宿の夕食の定番食材の一つが川魚。奥飛騨を流れる蒲田川でとれたばかりのヤマメやイワナは絶品です。

絶景露天風呂が自慢の宿で
心も体もリフレッシュ

奥飛騨温泉郷は、露天風呂の数が日本一多いといわれています。
見晴らしがよく、開放感抜群の露天風呂をもつ宿で、心の底からくつろぎましょう。

標高2000mを超える山を望む露天風呂

新穂高温泉
ののはなさんそう
野の花山荘

森に囲まれた静かな一軒宿。宿自慢の露天風呂には、錫杖岳を望む風呂と、原生林に囲まれた貸切野天（無料）がある。食事は、オープンキッチンスタイル。飛騨牛の炭火焼ステーキやイワナの塩焼を、できたてアツアツで味わえる。

☎0578-89-0030 🏠高山市奥飛騨温泉郷神坂707 🚌バス停中尾高原口から徒歩30分（送迎あり、要問合せ）🅿30台 🛏6室 ●2010年5月開業 ●泉質：単純温泉 ●露天あり、貸切あり MAP P113C1

💬 お風呂自慢
露天風呂の周囲には木々が茂り、新緑や紅葉を身近に感じられる。広々とした混浴露天もある。

CHECK
+1泊2食付料金+
平日、休前日ともに
1万7750円～
+時間+
🕐IN15時、OUT10時30分

1 女性用大浴場の露天風呂 2 夕食の一例。メインの飛騨牛、大鉢の田舎料理など 3 奥飛騨でも屈指の秘湯あふれる貸切野天風呂 4 客室はシンプルな和室

新平湯温泉
おくひだがーでんほてるやけだけ
奥飛騨ガーデンホテル焼岳

全国でも珍しい超深層水温泉を引いた露天風呂が名物。その湯はエメラルドのような色をしているため、「うぐいすの湯」といわれる。客室は和室を中心に、ツインとトリプルの洋室も揃う。夕食は地の素材を使った「おごっつお料理」。

☎0578-89-2811 🏠高山市奥飛騨温泉郷一重ヶ根2498-1 🚌バス停ガーデンホテル焼岳からすぐ 🅿50台 🛏85室 ●2001年開業 ●泉質：炭酸水素塩泉 ●露天あり、貸切あり MAP P113B3

エメラルド色の湯の露天をはじめ多彩な湯が勢揃い

💬 お風呂自慢
混浴露天風呂のうぐいすの湯は、ミネラルやビタミンが豊富、美肌効果も期待できる。

CHECK
+1泊2食付料金+
平日1万6200円～
休前日1万8360円～
+時間+
🕐IN15時、OUT10時

1 湯の花をたっぷり含んだうぐいすの湯 2 入口にはかつて北海道を走っていた列車が置かれている 3 スタンダードな和室 4 温泉せいろ蒸しいろり会席料理

🏠源泉かけ流し 🍴部屋食 💆エステあり 🚭禁煙ルームあり 🛁大浴場あり 🧍ひとり宿泊OK 💻インターネット可

ひらゆの森

広い敷地に16もの露天風呂が点在。広い内湯や鉄鍋を湯船に仕立てたユニークな貸切風呂（宿泊者は無料）もあり温泉三昧。客室は合掌造りや露天風呂付きコテージなど各種タイプが揃い、宿泊スタイルも多様。

☎0578-89-3338 ●高山市奥飛騨温泉郷平湯763-1 ●バス停平湯温泉から徒歩3分 ●100台 ●37室 ●1997年開業 ●泉質：炭酸水素塩泉・塩化物泉 ●露天あり、貸切あり MAP P113B4

大小16もの露天風呂で心ゆくまで温泉を楽しめる

お風呂自慢 大自然が育んだ良質かけ流しの名湯が注がれる野趣満点の露天風呂。

1 温泉浴と森林浴が楽しめる露天風呂 2 夕食は飛騨牛の鉄板焼きや川魚の塩焼など、奥飛騨の味覚が楽しめる 3 合掌棟洋室（禁煙ルーム）1泊2食付き8730円～

CHECK
✛1泊2食付料金✛
平日8730円～
休前日1万930円～
✛時間✛
●IN15時、OUT10時

匠の宿 深山桜庵

奥飛騨の大自然に囲まれた湯宿。館内は飛騨の銘木をふんだんに使用し、格調高い風情が感じられる。絶景露天風呂や無料貸切風呂で温泉を愉しみ、夕食では備長炭で炙った飛騨牛を堪能。

☎0578-89-2799 ●高山市奥飛騨温泉郷平湯229 ●バス停平湯温泉から徒歩7分 ●60台 ●72室 ●2007年4月開業 ●泉質：単純温泉 ●露天あり、貸切あり MAP P113B4

季節移ろう山並みを露天風呂から望む贅沢

お風呂自慢 良質な自家源泉を保有し、かけ流しを愉しむ湯めぐりが好評。

1 大浴場露天風呂から雄大な山々を望む 2 木のぬくもりあふれる客室は、半露天風呂付きが中心 3 上質な飛騨牛と旬の食材を味わう和会席

CHECK
✛1泊2食付料金✛
平日2万5000円～
休前日2万7000円～
✛時間✛
●IN15時、OUT11時

穂高荘 山のホテル

宿の名物は、館外にある絶景大露天風呂。蒲田川の川岸にあり、宿からは全長33mのスロープカーに乗って向かう。客室は落ち着いた雰囲気の和室と、広々とした洋室がある。全室禁煙。

☎0578-89-2004 ●高山市奥飛騨温泉郷神坂577-13 ●バス停山のホテル前からすぐ ●60台 ●86室 ●1967年開業 ●泉質：炭酸水素塩泉 ●露天あり、貸切あり MAP P113B2

小さな鉄道に乗り絶景露天風呂へ

お風呂自慢 川辺の露天風呂「山峡槍の湯」には女性用・混浴・貸切露天風呂がある。

1「山峡槍の湯」の地域最大級の露天風呂 2 客室からの北アルプスの眺望も宿の自慢の一つ 3 山の幸と海の幸を味わえる

CHECK
✛1泊2食付料金✛
平日1万2500円～
休前日2万2500円～
✛時間✛
●IN15時、OUT10時

「奥飛騨ガーデンホテル焼岳」のうぐいすの湯は、湯口の巨大な湯の花の塊にも注目。温泉成分が豊富な証拠だ。

入浴法や効能を知り
温泉をとことん満喫しましょう

心身をリラックスできる温泉を楽しむことは、旅行の醍醐味の一つ。
ここでは温浴効果をアップさせてくれる温泉の入り方を伝授します。

温泉の上手な入浴法

Q 一日の入浴回数と
1回の入浴時間は？

A 一日に何度も温泉に入ると「湯あたり」を起こすことがあるので、3回を目安に。入浴時間は額に汗をかく程度で、熱めの湯なら10分くらいに。全身に汗をかくほどの長湯は避けよう。

Q 入浴前と後で
注意することは？

A 急に熱い湯に入ると体に負担がかかるので、入浴前には心臓から遠い足先のほうからしっかりとかけ湯を。体を洗うのは入浴後でOK。入浴中は意外と汗をかいているので、風呂から出たら水分補給をして休憩しよう。

Q 温泉の効果を
持続させるには？

A 上がり湯や湯上がり前のシャワーは避け、温泉成分を肌で吸収して皮膚に浸透させたほうが美肌効果がアップする。ただし、皮膚の弱い人は湯ただれしないように洗い流そう。保湿は忘れずに。

温泉の泉質

・単純温泉・
刺激が少なく
のんびり入浴できる

無色透明で含まれている成分は少ないが、その分、刺激が弱く、子どもからお年寄りまで安心して入浴できる。また湯あたりしにくく、「温泉体験のスタートは単純温泉から」ともいわれる。病後回復期の療養などに適している。

ここで浸かれます
・いろりの宿
　かつら木の郷 ☞P106
・槍見の湯 槍見舘 ☞P106

・塩化物泉・
しっとりとした
肌づくりに効果あり

塩の成分が多い湯で、舐めてみると塩辛い。体がよく温まり、湯冷めしにくいのが特徴だ。また、塩の成分が温泉パックのように皮膚を覆うことから保湿クリーム効果もあるとされ、美しい肌づくりに適している。

ここで浸かれます
・奥飛騨ガーデンホテル
　焼岳 ☞P108

・炭酸水素塩泉・
血流アップと
美白効果に期待

重曹を多く含み、入浴後にさっぱりとした清潔感を感じられる。また、石鹸のような働きがあり、肌の不要な角質を取り除いてやわらかくするとされている。一方で、皮脂も流されるので、入浴後はしっかりとスキンケアを。

ここで浸かれます
・松宝苑 ☞P107
・穂高荘 山のホテル
　☞P109

・硫黄泉・
古い卵のような香りが
独特の泉質

ゆで卵の匂いを強くしたような独特の香りが特徴。肌への刺激が強く、皮膚の弱い人や乾燥肌の人には向かない。血管の拡張作用があり、高血圧や高血糖などの生活習慣病に効果があるといわれる。肌のシミやくすみにも効くとか。

ここで浸かれます
・神宝乃湯 ☞P111

立ち寄り湯で気軽に温泉を楽しみましょう

新穂高温泉
しんほたかのゆ
新穂高の湯

ダイナミックなロケーション

蒲田川沿いに
造られた
巨大な露天風呂

新穂高温泉を流れる蒲田川のすぐ脇に巨石を配して造られた、大きな露天風呂。男女別の脱衣所があるだけのシンプルな造りだが、その野趣あふれる立地は秘湯感も満載で、奥飛騨温泉郷を代表する露天風呂として知られている。

☎0578-89-2614(奥飛騨温泉郷観光協会) 🏠高山市奥飛騨温泉郷新穂高温泉 💰300円程度(清掃協力金) 🕐8〜18時 🈺無休(10月31日〜4月下旬は休業) 🚌バス停中尾高原口からすぐ 🅿20台 🅼🅰🅿P113B1

▲混浴だが、水着やバスタオルの着用はOK

新穂高温泉
ひがくのゆ
ひがくの湯

メニュー豊富な食事処を併設

常に新鮮な温泉が湯船を満たす

錫杖岳を間近に望む、開放感満点の露天風呂。温泉はかけ流しで、シャワーを設けた洗い場付き。館内には鉄道ジオラマ展示コーナーや食事処、休憩室などがあり、ゆったりくつろげる。

▲内湯はなく、湯船は男女ともに露天風呂のみとなっている

☎0578-89-2855(ひがくの湯と登山者食堂) 🏠高山市奥飛騨温泉郷中尾442-7 💰入浴800円 🕐9〜20時(繁忙期は時間延長あり) 🈺不定休(12〜3月は積雪状況による) 🚌平湯バスターミナルから濃飛バス平湯・新穂高線で58分、国立公園口下車すぐ 🅿70台 🅼🅰🅿P113B1

平湯温泉
ひらゆのゆ
平湯の湯

木立に囲まれた露天風呂

テレビアニメ『氷菓』にも登場した

合掌造りの資料館・平湯民俗館の敷地内にある立ち寄り湯。木立が間近に迫り、自然との一体感が楽しめる。敷地内の食事処「禄次」でタオル200円、バスタオル500円の販売あり。

▲男女別の脱衣所と露天風呂があり、秋は紅葉が美しい

☎0578-89-3339(禄次) 🏠高山市奥飛騨温泉郷平湯 💰入浴寸志(300円程度) 🕐6〜21時(12月上旬〜4月上旬は8〜19時) 🈺不定休 🚌バス停平湯温泉から徒歩2分 🅿10台 🅼🅰🅿P13B4

栃尾温泉
こうじんのゆ
荒神の湯

のどかな風情が魅力

河川敷にある無人の公共浴場

蒲田川の河川敷に造られた、栃尾温泉のシンボル的な公共露天風呂。男女別の脱衣所と露天風呂しかないは洗い場もないが、その素朴な造りと周囲の豊かな自然が趣深い。

▲蒲田川のせせらぎが聞こえてくる

☎0578-89-2614(奥飛騨温泉郷観光協会) 🏠高山市奥飛騨温泉郷栃尾 💰入浴寸志(200円程度) 🕐8〜22時(月・水・金曜12時〜) 🈺無休 🚌バス停栃尾診療所前からすぐ 🅿20台 🅼🅰🅿P113A2

新穂高温泉
かみたからのゆ
神宝乃湯

豊かな源泉を露天風呂で楽しむ

大自然に囲まれながら癒やされる

新穂高ビジターセンター「山楽館」にある入浴施設。高温の源泉に飲用沢水を加えて湯温を調整している。石鹸やシャンプー等は使用できない。

▲内湯はなく、露天風呂のみ

☎0578-89-2254(新穂高ビジターセンター) 🏠高山市奥飛騨温泉郷新穂高温泉 💰入浴600円 🕐9時30分〜15時30分(最終受付15時、季節により変動あり) 🈺無休(新穂高ロープウェイ→P112の運休時は休業) 🚌新穂高ロープウェイしらかば平駅からすぐ 🅿790台(6時間600円) 🅼🅰🅿P113C1

奥飛騨温泉郷 ●【ふむふむコラム】温泉の入浴法と効能

111

新穂高ロープウェイで
雲上の絶景展望台へ

屋上展望台まで25分

奥飛騨温泉郷の最奥、北アルプスの麓から出発する新穂高ロープウェイ。
2つのロープウェイを乗り継いだ先は、標高2100m超の世界です。

日本で唯一の、2階建ての第2ロープウェイ

✦ 絶景 ✦
SPOT!

▶ 左端の槍ヶ岳をはじめ、名山が連なる

西穂高口駅展望台

西穂高口駅の屋上展望台。天候がよければ、槍ヶ岳をはじめとする3000m級の山々をハッキリと見ることができる。また、日本一高所にある通年集配可能なポストもある。

しんほたかろーぷうぇい
新穂高温泉
新穂高ロープウェイ

奥飛騨温泉郷のメイン観光スポット

標高1117mの新穂高温泉駅から標高2156mの西穂高口駅までを第1・第2ロープウェイが結ぶ。終点の西穂高口駅に着いたら屋上展望台に向かおう。登山家が憧れる北アルプスの名峰を一望することができる。各駅のショップも要チェック。

乗車区間	片道	往復
第1・2ロープウェイ	1900円	3300円
第1ロープウェイ	500円	700円
第2ロープウェイ	1800円	3200円

☎0578-89-2252 🏠高山市奥飛騨温泉郷新穂高温泉 休無休（悪天候、整備点検のため運休あり）🚌バス停新穂高ロープウェイからすぐ Ｐ新穂高温泉駅150台（500円〜）、しらかば平駅750台（600円〜）MAP P113C1

▶ 屋上にある山びこポスト
▼駅内のショップで販売している木のはがき390円

玄関口となる駅で、ここから第1ロープウェイに乗るのが定番。みやげ店や食事処も充実。

★ 第1ロープウェイ ★
全長573m／高低差188m
所要時間4分／定員45人

徒歩2分

しらかば平駅
●標高1308m

西穂高口駅
●標高2156m

新穂高温泉駅
●標高1117m

第1ロープウェイが発着する。全駅中、この駅だけは特に店などが設置されていない。

鍋平高原駅
●標高1305m

第2ロープウェイの起点。足湯やビューラウンジなど、充実の設備を誇る。近くにはビジターセンターもある。

★ 第2ロープウェイ ★
全長2598m／高低差845m
所要時間7分／定員105人

名物グルメ&みやげ

新穂高温泉駅
山麓駅ショップの
ゴンドラチョロQ
1000円
第2ロープウェイのゴンドラを模したオリジナルチョロQ

しらかば平駅
アルプスのパン屋さんの
ゴンドラ食パン **450円**
焼きたてのパンを販売するベーカリーの名物

西穂高口駅
レストランマウントビューの
頂チュロス **510円**
「頂」の形をした米粉使用のチュロス

西穂高口駅
山頂駅ショップの雲海餅（小）
800円
地元産えごま入りの餡を雲のようなふわふわの餅で包んだ商品

奥飛騨温泉郷

0　750m　徒歩約10分

鍋平高原駅
新穂高温泉駅
新穂高ロープウェイ
新穂高温泉
新穂高ビジターセンター「山楽館」
しらかば平駅
新穂高ロープウェイ P.112
神宝乃湯 P.111
西穂高口駅

宝山荘別館
P.106 槍見の湯 槍見館
P.111 新穂高の湯
P.109 穂高荘 山のホテル
白雲荘
佳留萱山荘

野の花山荘 P.108
ひがくの湯 P.111
中尾高原ヒュッテ
中尾高原口
山のホテル前
宝川温泉
新穂高温泉
新穂高温泉
中尾キャンプ場
旅館焼乃湯
うちのペンション
ペンションほのみ亭

P.111 荒神の湯
道の駅奥飛騨温泉郷上宝
奥飛騨温泉郷オートキャンプ場
栃尾温泉
上栃尾
神坂
新平湯温泉口
新平湯温泉
飛騨牛の宿
新平湯温泉
花ごころ万喜
なかだ屋
旅館藤屋
田島館
P.107 松宝苑
福地温泉口
福地温泉
ペンション飛騨野
郷の館松乃井
ペンション木之下
一重ケ根温泉
P.107 湯元 長座
福地ゆりみ坂
元湯孫九郎
旅館山水
福地温泉
山里のいおり 草円 P.107
P.106 いろりの宿 かつら木の郷
新平湯
ガーデンホテル焼岳
クマ牧場前
奥飛騨クマ牧場
P.108 奥飛騨
ガーデンホテル焼岳

岐阜県
高山市

飛騨市神岡町へ

割谷山 2224▲
白水ノ滝
白水谷

焼岳 ▲2455

上高地（マイカー規制有）、松本へ

長野県
松本市

白谷山 2188▲

中の湯温泉旅館

アカンダナ山▲

P.109 匠の宿 深山桜庵
岡田旅館
平湯温泉
中村館
旅館愛宝館
平湯温泉（バスターミナル）
P.109 ひらゆの森
平湯民俗館
平湯温泉スキー場
湯ノ平トンネル
神の湯（休業中）
平湯IC

平湯プリンスホテル
平湯温泉
中部縦貫自動車道
平湯の湯 P.111
安房峠
安房トンネル
安房平
安房山 ▲2220

158

輝山 ▲2063
大洲谷

平湯トンネル
平湯峠
5
485
乗鞍畳平（マイカー規制有）へ

高山市街へ

平湯大滝

ワサビ谷

奥飛騨温泉郷●新穂高ロープウェイ／奥飛騨温泉郷MAP

これしよう！

① 温泉街を
おさんぽ

みどころは駅の東側に。
歩き疲れたら、8カ所ある
無料の足湯でひと休み。

② 下呂名物を
いただく

地元食材を生かしたオリ
ジナルグルメに舌鼓。代表
メニューは、トマト丼。

③ モダンな宿に
お泊まり

ラグジュアリーな宿に贅
沢ステイ。温泉三昧でツル
ツルお肌を手に入れよう。

A 湯めぐり手形で温
泉をはしご B 「下呂
温泉 足湯の里 ゆあ
み屋」のプリン

"美人の湯" として有名な名湯を満喫

下呂温泉

げろおんせん

こんなところ

有馬温泉、草津温泉とともに日本三名泉に
数えられる温泉地。アルカリ性単純温泉の
湯は肌ざわりがやわらかで美人の湯として
知られる。温泉街のあちらこちらに無料の
足湯が点在。ランチには、地元食材で作るG
（GERO）ランチ＆Gグルメを堪能しよう。

access

● 高山駅から

JR高山駅

↓ 特急ワイドビューひだで
45分

JR下呂駅

● 下呂温泉での交通

JR下呂駅

↓ 濃飛バス
下呂交流会館行きで6分

合掌村

問合せ ☎0576-25-4711
（下呂市総合観光案内所）
☎0576-24-1000
（下呂温泉観光協会）
広域MAP 付録裏D7

114

～下呂温泉　はやわかりMAP～

国道41号へ

高山へ

下呂トンネル

下呂市

温泉寺

薬師湯温泉下

下呂発温泉博物館

クアガーデン
露天風呂

鷺の足湯

薬師の足湯

ビーナスの足湯

温泉街

さるぼぼ黄金足湯

雅の足湯

下呂温泉旅館協同組合

離れの宿　月のあかり

下呂温泉　足湯の里　ゆあみ屋

下呂温泉神社

下呂温泉

いで湯大橋

阿多野川

井口橋

いでゆ朝市

合掌村

懐石宿　水鳳園

下留磨の足湯

合掌の足湯

下呂温泉合掌村

合掌村周辺

歳時記の森

下呂交流会館

森八幡神社

森

41

高山駅へ

旧下呂温泉病院口

飛騨川

下呂市総合
観光案内所

下呂駅

松原通り

下呂市役所

田の神の足湯

下呂駅前

JR高山本線

飛騨金山へ

88

桜通り

N

0　　100m

市民会館東口

飛騨金山駅へ

散策の途中で
足の疲れを癒やす

下呂散策の休憩は足湯がキホ
ン。タオル持参で立ち寄ろう。
さるぼぼ黄金足湯・雅の足湯
の問合せは☎0576-24-1001
（下呂ロイヤルホテル雅亭）

観光のヒント

**温泉のはしごには
湯めぐり手形を**

18軒の旅館・入浴施設のなかか
ら、3軒に入浴できる湯めぐり手形
1枚1300円。加盟旅館やみやげ
物店で販売。購入日から6カ月間
有効。

下呂温泉

→ **注目エリアはコチラです**

**おんせんがい
温泉街**

岐阜県のほぼ中央、山あいにある
下呂温泉。飛騨川に沿うように温
泉街が広がり、飛騨川の東側、阿
多野川沿いがその中心。

**がっしょうむらしゅうへん
合掌村周辺**

下呂温泉一の観光スポット、下呂
温泉合掌村では合掌造り家屋を
移築し、昔の暮らしを再現。駅か
ら徒歩だと約20分かかる。

観光に便利な乗り物

下呂温泉の翌日は白川郷へ

下呂温泉〜高山、高山〜白川郷までの片
道乗車券がセットになった切符を販売し
ている。料金は3300円。
☎0577-32-1688
（濃飛バス予約セン
ター）

立ち寄り湯や足湯でほっこり 下呂温泉街さんぽ

所要時間 半日

市街に点在する立ち寄り湯や足湯なら、下呂の名湯を気軽に楽しめます。
遊んで食べて癒やされる、温泉街の半日さんぽを楽しみましょう。

1 **START!** 下呂駅から バスで5分

①おなじみの三角屋根の家屋が立ち並ぶ
②人形などを用いて昔の暮らしを再現

合掌造り家屋の博物館

ココにも注目!

飛騨工房
ロクロを使った陶芸体験（要予約）や、陶器の絵付け体験ができる工房で、旅の思い出づくりを。

2 トチの実が香ばしい やわらかシフォン

▶ふわふわの生地とトチの実の香ばしさが絶妙にマッチ

3 6種類の温泉でお肌スベスベに

▲開放感抜群の露天風呂に浸かって疲れを癒やそう

---

1 げろおんせんがっしょうむら
下呂温泉合掌村

日本の原風景が広がる

白川郷などから10棟の合掌造り家屋を移築。重要文化財・旧大戸家住宅や、陶芸体験や和紙の紙漉き体験ができる飛騨工房、全長175mのローラースライダーなどがある。

☎0576-25-2239 🏠下呂市森2369 ¥入場800円 ⏰8時30分～17時 ✖無休 🚌JR下呂駅から濃飛バス下呂合掌村行きで5分、合掌村バス停からすぐ Ｐ200台 MAP P117B1

2 せんじゅどうほんてん
千寿堂本店

下呂温泉の老舗菓子店

飛騨地方に実るトチの実にこだわる菓子店。店内ではトチの実煎餅の実演販売も行っている。一番人気は、トチの実をふんだんに使った栃の実モンブラン1ホール780円。賞味期限30秒のやわらか煎餅もおすすめ。

☎0576-25-4562 🏠下呂市森2557-4 ⏰8～17時 ✖無休 🚌バス停合掌村から徒歩3分 Ｐ5台 MAP P117B1

3 くあがーでんろてんぶろ
クアガーデン 露天風呂

バラエティ豊かな露天風呂

打たせ湯、箱蒸し、泡沫湯、三温の湯など6種類の温泉浴が楽しめる。湯はアルカリ性単純温泉のかけ流しなうえ、無料の休憩室もあるので、ぜひ気軽に立ち寄りたい。

☎0576-24-1182 🏠下呂市湯之島894-2 ¥入浴700円 ⏰8～21時 ✖木曜 🚌JR下呂駅から徒歩10分 Ｐ40台 MAP P117A1

4

Gランチ＆Gグルメを味わいましょう
"G"とは下呂・グループ・発信者の意味で、下呂が推奨する料理のこと。まずは「下呂市総合観光案内所」で、各店の自慢料理の写真入りガイドマップをもらい、チェックしよう。☎0576-25-4711 **MAP** P117A2

飛騨牛とトマトが
見事にマッチ

❶ 飛騨牛トマト丼1430円。味噌汁とデザートが付く ❷ 白を基調にしたおしゃれな店内

GOAL!

下呂駅まで
徒歩すぐ

**下呂の名湯で
気軽にスキンケア**

◀ 下呂温泉みすと80g（小）1300円、200g(大)2400円。市内各地の売店や旅館などでも買える

6

5

**入浴自由、無料の
足湯でしっぽり**

❶ 名物の温玉ソフト470円。バニラと温泉玉子を混ぜて食べる ❷ 店内の温泉で容器ごと温める、ほんわかプリン1個400円も人気 ❸ 半円形の足湯

下呂温泉 ● 立ち寄り湯や足湯をめぐる温泉街さんぽ

高山へ
下呂トンネル
200m
高山駅
下呂温泉
湯之島館
温泉寺
ブラン・デュ・
エトワール
鷺の足湯
萩原へ
❸ クアガーデン
露天風呂
噴泉池
湯あそびの宿
下呂観光
ホテル本館 P.119
今宵 天空に
遊ぶ しょうげつ
P.119

❷ 千寿堂本店
合掌村
こころをなでる
静寂 みやこ P.118
下呂温泉
合掌村
❺ 下呂温泉 ゆあみ屋
離れの宿
月のあかり P.118
下呂温泉旅館協同組合
いでゆ
朝市
下呂市役所
松原通り
下呂駅
JR高山本線
下呂駅前
❻ 西尾商店
下呂市総合観光案内所
P.117

41
飛騨
金山へ
飛騨川
八ツ見橋
88
飛騨金山駅へ

A B

4
ぶらん・でゅ・えとわーる
**ブラン・デュ・
エトワール**

女性に人気の飛騨牛料理

メニューは飛騨牛を使用した3品のみ。なかでも「Gグルメ」（下呂グルメの愛称）の一つとして人気の飛騨牛トマト丼は、牛肉の甘辛い味わいとトマトの酸味がクセになる。
☎0576-25-2382 ▣下呂市湯之島789 ◷11〜15時 ▣不定休 ⊠JR下呂駅から徒歩10分 ▣3台 **MAP** P117A1

5
げろおんせん ゆあみや
下呂温泉 ゆあみ屋

無料の足湯で癒やされる

足湯を備えたカフェ＆みやげ店。玄米フレークとバニラソフトクリームに温泉玉子をのせた、名物の温玉ソフトを味わいながら足湯に浸かろう。
☎0576-25-6040 ▣下呂市湯之島801-2 ◷9〜18時（変動あり・夏期は〜21時、足湯は利用自由） ▣不定休 ⊠JR下呂駅から徒歩7分 ▣なし（近くに市営駐車場あり）**MAP** P117B1

6
にしおしょうてん
西尾商店

駅前の喫茶＆みやげ店

食事処も営むみやげ販売店。おすすめのみやげは、下呂温泉の源泉を100％使用した無添加化粧水、下呂温泉みすと。肌に潤いを与えてくれるので、メイキャップ前後の保湿にも使える。
（※食事処は休業中）
☎0576-25-5259 ▣下呂市幸田1391-1 ◷9〜17時 ▣不定休 ⊠JR下呂駅からすぐ ▣なし **MAP** P117A2

下呂温泉

おしゃれなくつろぎ宿で
美人の湯を満喫しましょう

まろやかな肌ざわりとその泉質から“美人の湯”として知られる下呂温泉。
和モダンでおしゃれな湯宿に泊まって、贅沢なひとときを。

はなれのやど つきのあかり
離れの宿 月のあかり

全室離れなうえ、すべてに露天風呂、内風呂、足湯を備える贅沢な宿。下呂でも数少ない自家源泉を利用した湯は、プライベートな空間と相まって、極上のひとときを提供してくれる。

☎0576-24-1005 住下呂市湯之島758-15 交JR下呂駅から徒歩5分（送迎あり）P40台 室8棟 ●2007年12月開業 ●泉質：アルカリ性単純温泉 ●露天あり、貸切あり MAP P117B1

緑に包まれた離れの宿で
露天風呂をふたり占め

CHECK
✣1泊2食付料金✣
平日3万8000円～
休前日4万4000円～
✣時間✣
IN15時、OUT10時30分

くつろぎ
ポイント
貸切露天風呂
広い空間が特徴的な露天風呂。朝は男女別で利用できる。

1デラックスタイプ1泊2食付き4万7000円～の客室 2露天風呂も全棟に。写真はデラックスタイプの露天。美濃石造り 3夕食の一例。食事は夕食、朝食ともに個室料亭で味わえる

こころをなでるせいじゃく みやこ
こころをなでる静寂 みやこ

温泉街から離れた閑静な地に立つ、本館と4棟の離れからなる宿。自然に包まれながら、下呂の名湯に浸かれる庭園露天風呂や、無料の貸切風呂がある。夕食は郷土色豊かな会席料理。

☎0576-25-3181 住下呂市森2505 交JR下呂駅から車で5分（送迎あり、要予約）P19台 室19室 ●1967年12月開業 ●泉質：アルカリ性単純温泉 ●露天あり、貸切あり MAP P117B1

庭園の四季を眺めながら
静寂なひとときを満喫

CHECK
✣1泊2食付料金✣
平日2万4200円～
休前日2万8600円～
✣時間✣
IN15時、OUT10時

くつろぎ
ポイント
大人の読書室
本館に読書室を備える。画集から小説まで蔵書数は約2000冊。

1大浴場の一つである庭園露天風呂。湯の底には備長炭が敷き詰められている 2夕食は郷土色豊かな会席料理 3 4棟ある離れには露天風呂も付く

118 源泉かけ流し 部屋食 エステあり 禁煙ルームあり 大浴場あり ひとり宿泊OK インターネット可

こよい てんくうにあそぶ しょうげつ
今宵 天空に遊ぶ しょうげつ

客室や大浴場から下呂の町並み を見下ろせる。1フロアに3室の みの客室は二間続きで広く、うち 5つの客室には露天風呂が備わ る。2つある渓流沿いの貸切露 天風呂（45分3240円）も温泉 と眺めを楽しめると好評。
☎0576-25-7611 住下呂市幸田 1113 交JR下呂駅から車で5分（送迎あ り、要連絡）P15台 室21室 ●2004 年改装 ●泉質：アルカリ性単純温泉 ● 露天あり、貸切あり MAP P117A2

下呂の町並みと川を望む
絶景と名湯を堪能できる

CHECK
✛1泊2食付料金✛
平日3万2450円〜
休前日3万7950円〜
✛時間✛
🕐IN14時、OUT11時

くつろぎ ポイント
個室料亭 「水琴亭」
季節替わりの懐石 料理を、数寄屋造 りの個室料亭「水 琴亭」で提供。

1 大浴場の露天風呂 2 部屋付きの露天の浴槽 は陶器や檜。白木を用いた和モダンな室内も◎

げろおんせん ゆのしまかん
下呂温泉 湯之島館

昭和6年（1931）創業。当時の 面影を伝える登録有形文化財 指定の本館をはじめ、上皇・上 皇后両陛下が泊まられた「山楽 荘」や展望風呂付きの「景山荘」、 総春慶塗の「春慶荘」など、趣の 異なる客室が揃う。夕食は地元 食材を生かした会席料理を客室で。
☎0576-25-4126 住下呂市湯之島 645 交JR下呂駅から車で5分（送迎あ り、定時運行）P30台 室40室 ●1931 年開業 ●泉質：アルカリ性単純温泉 ● 露天あり、貸切あり MAP P117A1

飛騨の匠の技が映える
国の有形文化財にステイ

CHECK
✛1泊2食付料金✛
平日、休前日ともに
2万8600円〜
✛時間✛
🕐IN15時、OUT11時

くつろぎ ポイント
山々を望む 露天風呂
大浴場の露天風呂 は眺望のよさが 自慢。日替わりで男 女入替制。

1 上皇・上皇后両陛下が食事の際に利用された 「雲井之間」 2 5万坪の庭園に抱かれて立つ

ゆあそびのやど げろかんこうほてるほんかん
湯あそびの宿 下呂観光ホテル本館

高台に立つ、見晴らしのよい宿。 渓流沿いにある7つの貸切露天 風呂（45分3080円）は、陶器の 湯、ちゃ釜の湯など個性豊か。飛 騨牛を自分で炙る、会席料理も 人気だ。
☎0576-25-3161 住下呂市萩原町 西上田2148-1 交JR下呂駅から車で5 分（送迎あり、定時運行）P40台 室47 室 ●1967年10月開業 ●泉質：アルカ リ性単純温泉 ●露天あり、貸切あり MAP P117A2

豊富な貸切露天で
しっぽりと四季を感じる

CHECK
✛1泊2食付料金✛
平日1万4800円〜
休前日1万9800円〜
✛時間✛
🕐IN15時、OUT10時

くつろぎ ポイント
アロマオイル 無料貸し出し
数種類のアロマオ イルを無料で貸し 出し。貸出浴衣も 20種以上。

1 新緑や紅葉が楽しめる貸切露天風呂の一つ 「緑風の湯」 2 下呂温泉を一望する客室

下呂温泉 ●おしゃれなくつろぎ宿

「下呂温泉 湯之島館」では、宿泊者が館内のみどころを楽しくまわれるようにスタンプラリーが行われています。

飛騨高山・白川郷への交通

アクセスのメインは、東海北陸自動車道と高速バス。名古屋からはJR特急も利用できます。東京・大阪からも高山へ直行するバスがあります。

鉄道・高速バス・クルマで向かいましょう

高速バスで主要都市から乗り換えなしで行けるのは、高山や飛騨古川。加えて、名古屋からは白川郷や郡上八幡へ、東京からは奥飛騨温泉郷へ運行。その他のエリアへは、高山や名古屋に向かい、路線バスに乗り換えを。

高山へ

東京から

東京駅	🚄新幹線「のぞみ」 4時間20分／1万5190円／1～2時間1本(特急ひだ)	名古屋駅乗り換え JR特急「ひだ」	高山駅
新宿駅	🚃JR特急「あずさ」 5時間30分／1万120円／1時間1～2本(特急あずさ)	松本駅乗り換え／松本BT 🚌アルピコ交通 接続1日3便(アルピコ交通)	高山濃飛BC(高山駅すぐ横)
新宿駅南口(バス新宿)	🚌京王電鉄バス 5時間45分／6500～7000円／1日4便(春～秋は夜行便が運行され5便)		高山濃飛BC
高井戸IC	🚗中央道(松本IC)～国道158号～安房峠道路～国道158号 約4時間30分／5960円／289km		高山

名古屋から

名古屋駅	🚃JR特急「ひだ」 2時間30分／6140円／1～2時間に1本	高山駅
名鉄BC	🚌JR東海バス・名鉄バス(ひだ高山号) 2時間50分／3100円／1日9便	高山濃飛BC
小牧IC	🚗名神高速～東海北陸道～高山清見道路 約2時間05分／3710円／149km	高山

大阪から

新大阪駅	🚄新幹線「のぞみ」 3時間35分／1万1460円／1～2時間に1本(特急ひだ)	名古屋駅乗り換え JR特急「ひだ」	高山駅
大阪駅	🚃JR特急「ひだ25号」 4時間26分／8450円／1日1本(大阪駅発7:58／土曜・休日は8:02)		高山駅
大阪難波駅西口(OCAT)	🚌近鉄バス 5時間32～42分／6500～8000円／1日2便(春～秋は夜行便が運行されて3便)		高山濃飛BC
吹田IC	🚗名神高速～東海北陸道～高山清見道路 約3時間55分／6670円／291km		高山

白川郷へ

東京から

東京駅	🚄新幹線「のぞみ」 4時間45分／1万4300～1万5300円／1日4便(岐阜バス)	名古屋駅乗り換え／名鉄BC 🚌岐阜バス	白川郷(荻町)
高井戸IC	🚗中央道(松本IC)～国道158号～安房峠道路～国道158号・41号～高山清見道路～(飛騨清見IC)東海北陸道 約5時間15分／6800円／336km		

名古屋から

名鉄BC	🚌岐阜バス 2時間42分／3000～4000円／1日4便
小牧IC	🚗名神高速～東海北陸道 約2時間05分／4210円／160km

大阪から

新大阪駅	🚄新幹線「のぞみ」 3時間50分／9480～1万680円／1日4便(岐阜バス)	名古屋駅乗り換え／名鉄BC 🚌岐阜バス
吹田IC	🚗名神高速～東海北陸道 約4時間05分／7140円／302km	

新穂高・奥飛騨温泉郷へ

東京から

新宿駅	🚃JR特急「あずさ」 5時間10分／9820円／1時間1～2本(特急あずさ)／1日2便(アルピコ交通)夏期(7月中旬～8月下旬)と年末年始運行予定。バスには新宿発7:30／12:00が連絡	松本駅乗り換え／松本BT 🚌アルピコ交通	新穂高温泉
新宿駅南口(バス新宿)	🚌京王電鉄バス 6時間／6710～7110円／1日5便(京王電鉄バス)／1時間1便(濃飛バス)	平湯温泉乗り換え 🚌濃飛バス	
高井戸IC	🚗中央道(松本IC)～国道158号～安房峠道路～国道471号～県道475号 約4時間05分／5960円／272km		

名古屋から

名古屋駅	🚃JR特急「ひだ」 4時間25分／8340円／1～2時間に1本(特急ひだ)／接続1日7便(濃飛バス)	高山駅乗り換え／高山濃飛BC 🚌濃飛バス
小牧IC	🚗名神高速～東海北陸道(飛騨清見IC)～高山清見道路～国道41号～県道89号～国道158号・471号～県道475号 約3時間15分／3710円／209km	

大阪から

新大阪駅	🚄新幹線「のぞみ」 名古屋駅乗り換え 5時間30分／1万3600円／1～2時間に1本(特急ひだ)／接続1日7便(濃飛バス)	高山駅乗り換え／高山濃飛BC 🚌濃飛バス
吹田IC	🚗名神高速～東海北陸道(飛騨清見IC)～高山清見道路～国道41号～県道89号～国道158号・471号～県道475号 約5時間15分／6670円／351km	

行き先	地区	出発	交通・ルート	時間／料金／本数	到着
飛騨古川へ	東京から	東京駅	新幹線「のぞみ」 名古屋駅乗り換え JR特急「ひだ」	4時間35分／1万5410円／1日5本（特急ひだ）	飛騨古川駅
		高井戸IC	中央道（松本IC）〜国道158号〜安房峠道路〜国道158号〜県道471号・476号	約4時間35分／5960円／297km	飛騨古川
	名古屋から	名古屋駅	JR特急「ひだ」	2時間45分／6140円／1日5本	飛騨古川駅
		小牧IC	名神高速〜東海北陸道（飛騨清見IC）〜高山清見道路〜高山国府バイパス	約2時間10分／3710円／157km	飛騨古川
	大阪から	新大阪駅	新幹線「のぞみ」 名古屋駅乗り換え JR特急「ひだ」	3時間45分／1万1230円／1日5本（特急ひだ）	飛騨古川駅
		大阪駅	JR特急「ひだ25号」 高山駅乗り換え JR特急「ひだ5号」	4時間46分／8890円／1日1本（大阪駅7:58 土曜・休日は8:02）	飛騨古川駅
		吹田IC	名神高速〜東海北陸道（飛騨清見IC）〜高山清見道路〜高山国府バイパス	約4時間05分／6670円／299km	飛騨古川
郡上八幡へ	東京から	東京駅	新幹線「のぞみ」 名古屋駅乗り換え JR特急「ひだ」 美濃太田駅乗り換え 長良川鉄道	4時間20分／1万4310円／1〜2時間に1本（特急ひだ）／接続1日8本（長良川鉄道）	郡上八幡駅
		東京IC	東名高速〜新東名高速〜東海環状道〜東海北陸道	約4時間25分／9370円／393km	郡上八幡
	名古屋から	名古屋駅	JR特急「ひだ」 美濃太田駅乗り換え 長良川鉄道	2時間30分／4280円／1〜2時間に1本（特急ひだ）／接続1日8本（長良川鉄道）	郡上八幡駅
		名鉄BC	JR東海バス・名鉄バス（ひだ高山号）	1時間36分／2200円／1日6便	郡上八幡インター
		小牧IC	名神高速〜東海北陸道	約1時間／2370円／76km	郡上八幡
	大阪から	大阪駅	JR特急「ひだ25号」 美濃太田駅乗り換え 長良川鉄道	4時間50分／7520円／1日1本（大阪駅発7:58 土曜・休日は8:02）※名古屋駅まで新幹線「のぞみ」利用は3時間35分／1万円／1〜2時間に1本（特急ひだ）／接続1日8本（長良川鉄道）	郡上八幡駅
		大阪難波駅西口(OCAT)	近鉄バス	4時間23〜26分／4300〜4800円／1日2便	郡上八幡インター
		吹田IC	名神高速〜東海北陸道	約2時間55分／5600円／218km	郡上八幡
下呂温泉へ	東京から	東京駅	新幹線「のぞみ」 名古屋駅乗り換え JR特急「ひだ」	3時間35分／1万4140円／1〜2時間に1本（特急ひだ）	下呂駅
		高井戸IC	中央道（中津川IC）〜国道257号	約4時間55分／6990円／342km	下呂
	名古屋から	名古屋駅	JR特急「ひだ」	1時間45分／4700円／1〜2時間に1本	下呂駅
		小牧IC	国道41号	2時間05分／92km	下呂
	大阪から	新大阪駅	新幹線「のぞみ」 名古屋駅乗り換え JR特急「ひだ」	2時間50分／9960円／1〜2時間に1本（特急ひだ）	下呂駅
		大阪駅	JR特急「ひだ25号」	3時間33分／7460円／1日1本（大阪駅発7:58 土曜・休日は8:02）	下呂駅
		吹田IC	名神高速〜東海北陸道（郡上八幡IC）〜国道256号・41号	約3時間／5600円／263km	下呂

※青字は有料道路 ◎高速道路のねだんは、平日ETC利用の普通車のものです。現金払いでは異なる場合があります。

鉄道
- ●JR東海 ☎050-3772-3910
- ●JR西日本 ☎0570-00-2486
- ●JR東日本 ☎050-2016-1600
- ●長良川鉄道 ☎0575-23-3921

高速バス
- ●京王電鉄バス ☎03-5376-2222
- ●JR東海バス ☎0570-048939
- ●名鉄バス ☎052-582-0489
- ●近鉄バス ☎0570-001631
- ●アルピコ交通 ☎0570-550-373
- ●濃飛バス ☎0577-32-1688
- ●岐阜バス ☎058-201-0489

飛行機
- ●全日空（ANA） ☎0570-029-222
- ●日本航空（JAL） ☎0570-025-071
- ●スカイマーク（SKY） ☎0570-039-283
- ●アイベックスエアラインズ（IBX） ☎0570-057-489
- ●スターフライヤー（SFJ） ☎0570-07-3200
- ●ジェットスター（JJP） ☎0570-550-538
- ●ピーチ（APJ） ☎0570-001-292

空港からのアクセス
- ●名鉄（名古屋鉄道） ☎052-582-5151（名鉄お客さまセンター）
- ●あおい交通 ☎0568-79-6464（県営名古屋空港直行バス）

トラベルインフォメーション ● 交通ガイド

ワンポイント　飛行機で行くなら ✈

●飛行機のねだんは、搭乗日や利用する便、航空会社の空席予測で変わります。各社のホームページでご確認ください。

出発空港	航空会社／時間／便数
新千歳空港	ANA・JAL・SKY・ADO・APJ ／ 1時間45〜50分／1日14便
仙台空港	ANA・IBX・APJ ／ 1時間10〜20分／1日4便
福岡空港	ANA・IBX・SFJ・JJP ／ 1時間15〜20分／1日13便 ／ JAL・FDA ／ 1時間20分／1日5便

中部空港 → 名古屋駅乗り換え：
- 名鉄【ミュースカイ】28分／1290円／30分ごと
- 【空港】37分／890円／30分ごと

名古屋(小牧)空港 → 名古屋駅乗り換え：
- あおい交通 18分／700円／1時間2〜4便

名古屋駅乗り換え → 名鉄BC：
- JR特急「ひだ」2時間30分／6140円／1日10本 → 高山駅
- JR東海バス・名鉄バス（ひだ高山号）2時間50分／3100円／1日9便 → 高山濃飛BC

（2022年10月現在）

交通ガイド

飛騨高山・白川郷での交通

電車やバスを乗り継ぐほか交通機関はないが、運行本数が限られるので
広範囲の移動には適しません。白川郷は金沢からもアクセスできます。

🌐 鉄道とバスで巡りましょう

高山市街は徒歩で十分まわれる。高山から奥飛騨温泉郷・白川郷方面へのバスは便数も多く利用しやすい。
また、バスやロープウェイなどに乗れるフリー乗車券などのおトクなチケットもいろいろ揃っている。

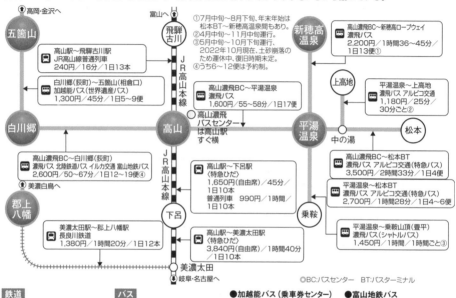

①7月中旬～8月下旬、年末年始は
松本BT～新穂高温泉間もあり。
②4月中旬～11月中旬運行。
③5月中旬～10月下旬運行。
2022年10月現在、土砂崩落の
ため運休中、復旧時期未定。
④うち6～12便は予約制。

五箇山

高岡・金沢へ

富山へ

飛騨古川
JR高山本線

新穂高温泉BC～新穂高ロープウェイ
濃飛バス
2,200円/1時間36～45分/
1日13便①

高山駅～飛騨古川駅
JR高山線普通列車
240円/16分/1日13本

新穂高温泉

白川郷(荻町)～五箇山(相倉口)
加越能バス(世界遺産バス)
1,300円/45分/1日5～9便

高山濃飛
バスセンター
は高山駅
すぐ横

高山濃飛BC～平湯温泉
濃飛バス
1,600円/55～58分/1日17便

上高地

平湯温泉～上高地
濃飛バス アルピコ交通
1,180円/25分/
30分ごと②

白川郷

○高山濃飛バスセンター

高山

平湯温泉

松本

中の湯

高山濃飛BC～白川郷(荻町)
濃飛バス 北鉄道線バス イルカ交通 富山地鉄バス
2,600円/50～67分/1日12～19便④

JR高山本線

高山駅～下呂駅
〈特急ひだ〉
1,650円(自由席)/45分/
1日10本
普通列車 990円/1時間
1日10本

高山濃飛BC～松本BT
濃飛バス アルピコ交通(特急バス)
3,500円/2時間33分/1日4便

平湯温泉～松本BT
濃飛バス アルピコ交通(特急バス)
2,700円/1時間28分/1日4～6便

乗鞍

美濃白鳥へ

郡上八幡

美濃太田駅～郡上八幡駅
長良川鉄道
1,380円/1時間20分/1日12本

下呂

高山駅～美濃太田駅
〈特急ひだ〉
3,840円(自由席)/1時間40分/
1日10本

平湯温泉～乗鞍山頂(畳平)
濃飛バス(シャトルバス)
1,450円/1時間/1時間ごと③

美濃太田

岐阜・名古屋へ

©BC:バスセンター　BT:バスターミナル

鉄道	バス	
●JR東海 ☎050-3772-3910	●濃飛バス(高山営業所) ☎0577-32-1160	●加越能バス(乗車券センター) ☎0766-21-0950
●長良川鉄道 ☎0575-23-3921	●濃飛バス(高山濃飛バスセンター) ☎0577-32-1688	●イルカ交通(予約センター) ☎0766-21-7777
		●北陸鉄道バス(予約センター) ☎076-234-0123
		●富山地鉄バス(高速バス予約センター) ☎076-433-4890
		●アルピコ交通(松本バスターミナル) ☎0263-32-0910
		●アルピコ交通(新島々営業所) ☎0263-92-2511

ワンポイント オトクなチケットをチェック

■高山＆新穂高2日フリー乗車券 (濃飛バス)

高山濃飛BC～平湯温泉～新穂高ロープウェイ間の路線バス
が2日間乗り降り自由。※濃飛バス運行便のみ有効

有効期間 2日間	料金 4190円	発売箇所 高山濃飛バ

スセンター　問合先 濃飛バス ☎0577-32-1688

■飛騨高山1日フリー木っぷ (濃飛バス)

高山の観光スポットを巡る「匠バス」「さるぼぼバス」「ま
ちなみバス」などが乗り放題の木のきっぷ。割引特典付き。

有効期間 1日間	料金 500円	発売箇所 高山濃飛バ

スセンター　問合先 濃飛バス ☎0577-32-1688

ワンポイント 白川郷・五箇山めぐりは路線バス利用の観光セット券も

(2022年10月現在)

コース名	観光ポイント・発着時刻	運行期間	ねだん
世界遺産白川郷散策と合掌造りで味わう昼食	高山濃飛バスセンター発お好きな時間(自由席便限定)→白川郷(荻町) 和田家(不定休)、合掌造り民家園(12～3月の木曜休)見学(入場券付き) 3種類から選べる昼食券付き 白川郷(荻町)発お好きな時間(自由席便限定)→高山濃飛バスセンター着	毎日 (3日前まで に要予約)	6,900円 (食事代を含む)

※このほか、期間限定の定期観光バスあり。【濃飛バス】☎0577-32-1688(予約制)

クルマで気ままにめぐるなら

高山市内には市営駐車場が多くあり、クルマを停めて歩くには便利だ。また高山・白川郷をメインに足を延ばすなら、下道では狭かったり、カーブが多いなど走りにくい区間もあるので注意して。

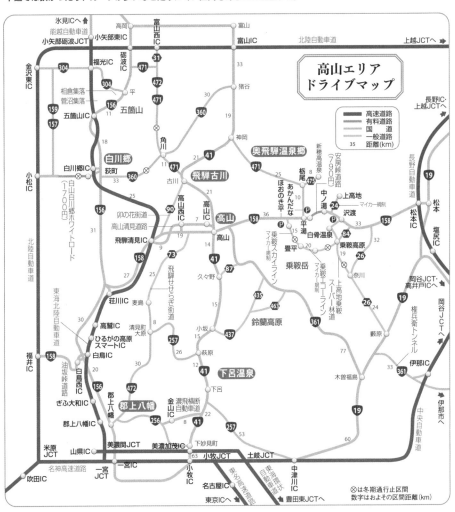

高山エリア ドライブマップ

凡例
━━ 高速道路
━━ 有料道路
━━ 国道
━━ 一般道路
35 距離(km)

⊗は冬期通行止区間
数字はおよその区間距離(km)

レンタカー予約

● トヨタレンタカー
☎0800-7000-111
● ニッポンレンタカー
☎0800-500-0919
● 日産レンタカー
☎0120-00-4123

● タイムズ カー レンタル
☎0120-00-5656
● オリックスレンタカー
☎0120-30-5543

道路情報

日本道路交通情報センター
● 北陸道・東海北陸道情報
☎050-3369-6767
● 東海地方高速情報
☎050-3369-6766
● 岐阜情報
☎050-3369-6621

● 東海北陸地方・愛知情報
☎050-3369-6623
NEXCO中日本お客様センター
☎0120-922-229
☎052-223-0333

トラベルインフォメーション ● 交通ガイド

飛騨高山・白川郷の知っておきたいエトセトラ

旅の前に、飛騨高山を舞台にした小説や映画をチェック。地酒や工芸品、イベント＆祭り情報もご紹介します。

読んでおきたい本

2012年、高山を舞台のモデルにアニメ化された『氷菓』のほか、3つの注目作品をピックアップ。

『氷菓』（ひょうか）

何事にも積極的には関わろうとしない"省エネ少年"奉太郎が、なりゆきで入部した古典部で33年前に起きた事件の謎を解き明かしていく青春ミステリー。第5回角川学園小説大賞ヤングミステリー＆ホラー部門奨励賞受賞作。
角川書店／2001年／米澤穂信／494円（税込）

『飛水 HISUI』

物語は飛騨古川に向かう高山線の車中の場面からスタート。豪雨によるバス転落事故に巻き込まれ引き裂かれた男女が、40年後に時空を超えた場所で再会。二人の変わらぬ愛情と強い想いが奇跡を起こす、感動の物語。
講談社／2010年／高木のぶ子／605円（税込）

『特急ワイドビューひだ殺人事件』

名古屋〜高山〜富山を結ぶ、特急ワイドビューひだが舞台。警視庁捜査一課の十津川警部が奇妙な広告を目にした直後に、次々と殺人事件が起こる。頭脳犯と警部のスリリングな対決を描く、長編トラベルミステリー。
徳間書店／2011年／西村京太郎／926円（税込）

観ておきたい作品

映像を通して飛騨高山の魅力に触れれば、旅気分がますます盛り上がること間違いなし！

『あなたへ』

刑務所の指導教官を務める主人公が、富山から飛騨高山を経て亡き妻の故郷である長崎県の平戸まで旅する。
DVD（2枚組）5076円（税込）／発売中／発売元：東宝株式会社／2013／出演：高倉健、田中裕子、佐藤浩市／監督：降旗康男

『ポプラの秋』

飛騨高山全編ロケ。少女があの世へ手紙を届けることができるという不思議なおばあさんと出会い、閉ざされた心を解放していく。
DVD4212円（税込）／発売中／発売元：ハピネット／2016／出演：本田望結、中村玉緒、大塚寧々／監督：大森研一

『さよなら夏休み』

郡上八幡を舞台に、養護施設に預けられた少年の成長を綴る。やがて大人になった彼が故郷を訪れたとき見たのは、変わらぬ美しい自然と仲間たちだった。
DVD3990円（税込）発売中／発売元：オフィスティーエム／2010年／出演：緒形直人／監督：小林要

ロケ地

絵になる町並みは、アニメの舞台となり、ドラマや映画のロケが行われることもしばしば。

高山市図書館 煥章館（たかやまししとしょかんかんしょうかん）

2017年11月に公開された映画『氷菓』のロケ地。明治時代にあった「章学校」を再現した建物で、白と緑色のコントラストが美しい擬洋風の外観や、内部の重厚な造りが魅力。館内の撮影には許可が必要。
☎0577-32-3096 ✚入館無料
MAP P81E2／付録表G2

飛騨古川の町並み

白壁土蔵と出格子の商家が立ち並び、しっとりとした風情が魅力の飛騨古川。NHKの朝ドラ『さくら』の舞台になったことで、一躍有名に。オープニングには瀬戸川が登場。江戸時代創業の「三嶋和蝋燭店」（☞P83・125）でも撮影が行われた。
DATA ☞P82

吉田川に架かる新橋

長良川最大の支流で、郡上八幡の町の中心を流れる吉田川。この川に架かる新橋で行われる行事の様子が映画『サトラレ』の中でも再現された。また、夏は子ども達が遊ぶ姿を見られる。また、吉田川沿いの遊歩道も作中に登場する。
☎0575-67-0002（郡上八幡観光協会）
MAP P85

注目の地酒

飛騨地方は、江戸時代中期ごろから酒造りが行われている酒処。全部で12軒の造り酒屋があります。

鬼ころし怒髪衝天辛口

720㎖ 1525円

鬼を殺すほど辛いというのが名の由来。超辛口で、どっしりとした重厚感がある。

老田酒造店 ☎0577-32-0166
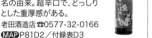
MAP P81D2／付録表D3

山車 上撰 辛口 720㎖ 1080円

口に含んだ途端、米のうま味と香りが感じられる辛口酒。口当たりがよく、飲みやすい。

原田酒造場（☞P71）

MAP P81D3／付録表D5

氷室 大吟醸 720㎖ 2200円

辛口のなかにも、フルーティな香りとほのかな甘みのある生酒。女性ファンも多い。

二木酒造 ☎0577-32-0021

MAP P81D3／付録表E3

注目の工芸品

熟練の職人の手により作り出された伝統工芸品をおみやげに。郡上八幡は食品サンプル発祥の地。

飛騨春慶

檜やトチなどに透き漆を塗り仕上げたもの。透明感があり、木目の美しさが際立つ。

山田春慶店 ☞P52

生掛和ろうそく

ハゼの実など天然の原料を使って手作り。ろうを均等に何度もかけるため長持ちする。独特な炎のゆらぎも魅力。

三嶋和蝋燭店 ☞P83

食品サンプル

「こぼしたアイスのスマホスタンド作り」では、世界で唯一のオリジナルスマホスタンド作りが体験できる。

食品サンプル創作館 さんぷる工房 ☎0575-67-1870 **MAP** P85

イベント・祭り

季節に合わせたイベントや、地元で受け継がれてきた祭りに合わせて訪れれば、より充実した旅に。

4月14・15日 山王祭(春の高山祭)

日枝神社の例祭。豪華絢爛な12台の屋台が登場し、町を華やかに彩る。3台の屋台がからくり奉納を披露。

☎0577-32-3333（高山市観光課）
場所高山市中心部（☞P62）

4月19・20日 古川祭

男衆が攻防戦を繰り広げる「起し太鼓」と、9台の屋台による「屋台曳行」が行われ、動と静の二面性をもつ。

☎0577-74-1192（飛騨市観光協会）
場所飛騨市古川町 **MAP** P83

2022年は7月9日～9月3日 郡上おどり

約400年の歴史をもつ盆踊り。全31夜開催され、開催期間の長さから、日本一の盆踊りといわれている。

☎0575-67-0002（郡上八幡観光協会）
場所郡上市八幡町（☞P86）

10月9・10日 八幡祭(秋の高山祭)

櫻山八幡宮の例祭。なかでも布袋様と唐子の複雑な動きが披露される布袋台のからくり奉納は必見。

☎0577-32-3333
（高山市観光課）
場所高山市中心部（☞P64）

10月14～19日 どぶろく祭

白川八幡神社、鳩谷八幡神社、飯島八幡神社の例大祭。神社の境内で醸造されたどぶろくが振る舞われる。

☎05769-6-1013（白川郷観光協会）
場所白川村各神社 **MAP** P99B1・3・4

※近年新型コロナウイルスの影響により、どぶろくの振る舞いや村廻りは中止、本殿においての神事のみの祭礼となる

花

全国の市町村にはそれぞれに郷土の花が制定されています。今回紹介している5つのエリアの花をチェック。

コバノミツバツツジ (高山市)

野山に生える落葉樹で、高さは2～3m。4～5月ごろに紅紫色の花を咲かせる。

ミズバショウ (飛騨市)

サトイモ科の多年草で、湿地に自生。開花時期は、春の終わりから初夏。

コブシ (郡上市)

早春に枝の先いっぱいに直径6～10㎝の白い花を咲かせる。別名は「田打ち桜」。

白山シャクナゲ (白川村)

6月下旬～8月に開花。花は白や淡い紅色で、内側に緑の斑点がある。

岩ツツジ (下呂市)

その名のとおり、岩や石の間に咲く。初夏になると、淡紅色の小花をつける。

方言

飛騨地方の方言、飛騨弁をお勉強。その土地に根付いた言葉との出会いも、旅の楽しみの一つです。

ごっつぉ…ごちそう
くりょ…ください
そしゃな…じゃあね
ためらう…体に気をつける
まめけな（まめなかな）…お元気ですか
しみる（しびる）…凍る、寒い
こわい（こわえぇ）…恥ずかしい、心配な

高山

観光みどころ 寺社 プレイスポット レストラン・食事処 居酒屋・BAR カフェ・喫茶 みやげ店・ショップ 宿泊施設 立ち寄り湯